Virtual Railroad Models
鉄道模型シミュレーター NX 入門

はじめに

　「鉄道模型シミュレーター」（Virtual Railroad Models：略称 VRM）は、1998 年にアイマジック社が発売した、Windows 用の「鉄道模型シミュレーション・ソフト」です。

　「空間的な制約」や「経済的な問題」などから、現実には製作困難である鉄道模型のレイアウトを、PC 上で、思う存分楽しむことができます。

＊

　具体的には、「3D 仮想空間」に、「線路」や「ストラクチャー」などのパーツを並べてレイアウトのデザインを確認したり、「列車」を配置して、線路上を運転したりできます。

　このように、鉄道模型のレイアウトを検討したり、レイアウトの見え方をシミュレーションするといった基本的な用途以外にも、「鉄道シミュレーター」として列車を運行することを目的にデータを作ることもあります。

　また、「運転台視点」を利用して、純粋に「鉄道運転シミュレーション」として遊ぶこともできます。

＊

　「Windows95/98」の登場から 20 年以上経ち、「鉄道模型シミュレーター」は PC 技術の発展とともに進化してきました。

　最新の「NX システム」は、最新 PC のハードやプログラミング技術を多分に盛り込んで実現したものです。

＊

　「車両」「線路」「鉄道施設」「建物」「自然」…など、数多くのパーツのリアルさやディテールの細かさは、こだわりのある鉄道ファンでも、充分に満足できる作品になっています。

　鉄道ファンでも、そうでなくても、ぜひ一度、仮想空間にレールを敷き、街を作り、自分だけの列車を走らせてみてください。

I/O 編集部

鉄道模型シミュレーター NX 入門

CONTENTS

第3章　「NXシステム」の技術

第4章　鉄道模型の自動制御

動作環境

　「鉄道模型シミュレーター NX」は、鉄道シーンを最新の「3DCG 技術」で表示するシミュレーターです。
　「3DCG」の表示機能をもつ PC が必要です。

● OS
　OS は、「Windows10」に対応しています。
　サーバ、モバイルを除く、一般的な「Windows10」で動作します。

● PC 本体
　「ゲーミング PC」にカテゴライズされる PC が適しています。
　「GeForce」または「Radeon」が搭載されている PC を選択してください。
　メイン・メモリは、最低「8GB」。より多く搭載した PC を推奨します。

---

*

※限界もあります
　「鉄道模型シミュレーター NX」に限らない話ですが、複雑な「3DCG」ほど多くの計算が発生して、PC の処理能力が必要になります。
　PC の性能にも限界があります。大規模なレイアウトを作成する場合は、PC の能力の上限を考えながら制作してください。

第1章

はじめての「鉄道模型シミュレーター NX」

まずは簡単に「鉄道模型シミュレーター NX」（VRM-NX）の世界を体験してみましょう。無料でダウンロードして遊べる「スターターキット」をインストールします。

※「製品版」には「スターターキット」が含まれています。

1-1　「スターターキット」の導入

「鉄道模型シミュレーター NX」には、機能を制限したお試し版（スターターキット）があります。

まずは、無料で使える「スターターキット」をインストールします。

すでに「製品版」をインストールしている方は、本節は読み飛ばしてください。

■ 公式サイトにアクセス

アイマジック（IMAGIC）の公式サイトにアクセスし、「無料ですぐに遊べるスターターキット」の画像リンクをクリック。

[IMAGICの公式サイト]

```
http://www.imagic.co.jp/
```

図1-1-1　IMAGICの公式サイト

■「スターターキット」のインストール

[手順]　インストール

[1]「無料ですぐに遊べるスターターキット >>Downloadはここをクリック」の「画像リンク」をクリックして、「インストーラ」をダウンロードします。

図1-1-2　「インストーラ」をダウンロード

[2] ダウンロードが完了したら、「解凍」をクリック。

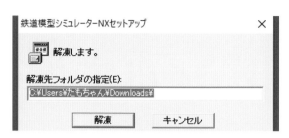

図1-1-3　解凍する

[3]「NXスターターキット」の起動で、「セットアップ」をクリック。

図1-1-4　「セットアップ」をクリック

[4]「セキュリティ・ソフトの停止」を促すメッセージが出ますが、そのままでも「OK」をクリックできます。

図1-1-5　セキュリティ・ソフトに関するメッセージ

[5]「ヒットアップ・ウィザード」が起動するので、「次へ」をクリック。

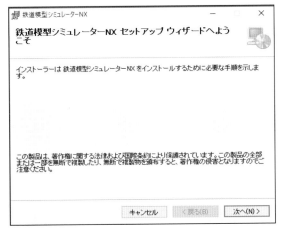

図1-1-6 「次へ」をクリック

[6]「ライセンス条項」が表示されるので、目を通したら「同意する」にチェックを入れ、「次へ」をクリック。

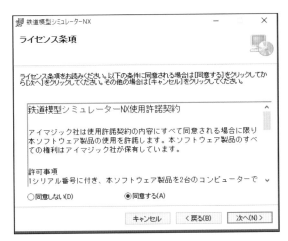

図1-1-7 「同意する」にチェックを入れて、「次へ」をクリック

[7]インストール先が表示され、変更することもできます。問題なければ、「次へ」をクリック。

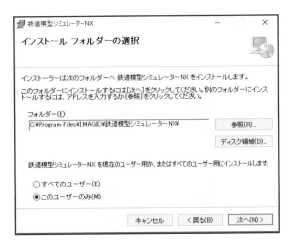

図1-1-8 インストール先を確認して「次へ」をクリック

[8]インストールの準備ができたら、「次へ」をクリック。

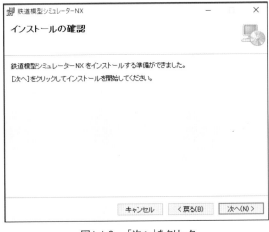

図1-1-9 「次へ」をクリック

インストールには少し時間がかかります。

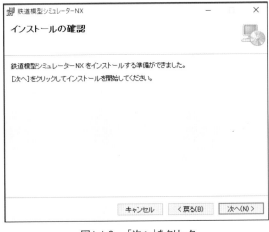

図1-1-10 インストール中

［9］インストールが完了したら、「閉じる」をクリック。

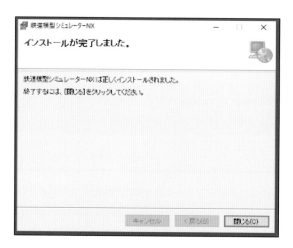

図1-1-11　「閉じる」をクリック

［10］画面の「アプリ終了」をクリックして、セットアップを終了します。

図1-1-12　「アプリ終了」をクリック

　デスクトップ上に、ショートカット・アイコンが出来ました。

　次回からは、ショートカット・アイコンをクリックすれば、「鉄道模型シミュレーター NX」が起動します。

図1-1-13
デスクトップのショートカット・アイコンをクリック

[手順]　更新ファイルがある場合

［1］「鉄道模型シミュレーター NX」のプログラムに、最新の「更新ファイル」がある場合は、アップデートするので「はい」をクリック。

図1-1-14　「はい」をクリック

［2］初回のインストール同様、手順に沿って進めていきます。「次へ」をクリック。

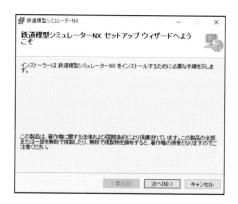

図1-1-15　「次へ」をクリック

［3］「同意する」にチェックを入れて、「次へ」をクリック。

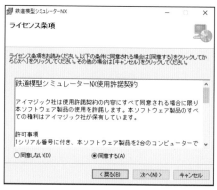

図1-1-16　「同意する」にチェックを入れ、「次へ」をクリック

［4］インストール先フォルダを指定して、「次へ」をクリック。

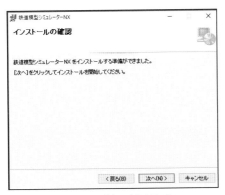

図1-1-17 「次へ」をクリック

［5］「次へ」をクリック。

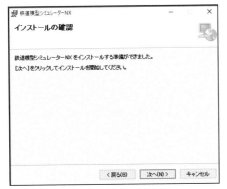

図1-1-18 「次へ」をクリック

インストールには時間がかかります。

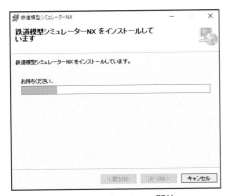

図1-1-19 インストール開始

［4］「閉じる」をクリック。

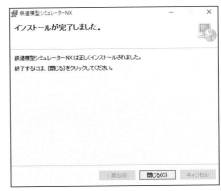

図1-1-20 「閉じる」をクリック

［5］「鉄道模型シミュレーター NX スターターキット」が起動しました。

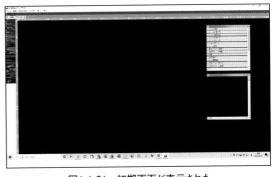

図1-1-21 初期画面が表示された

1-2　はじめてのレイアウト

「鉄道模型シミュレーター NX」は、線路を引いて列車を走らせるまで、簡単な操作で「鉄道模型の世界」を楽しむことができます。

■新しいレイアウト

新しいレイアウトを作ります。

＊

ファイル・メニューから、「新規レイアウト作成」を選びます。

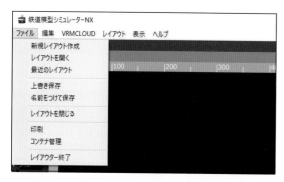

図1-2-1　「ファイル」→「新規レイアウト作成」を選ぶ

新しいレイアウトが作られます。

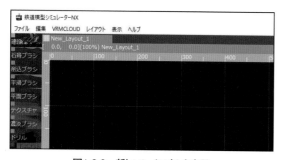

図1-2-2　新しいレイアウトを表示

■レールを並べる

次は、レールを並べます。

＊

「パーツ・パレット」には、使える部品が並んでいます。

左の三角形をクリックすると、開いたり、閉じ

たりできます。

「パーツ・パレット」の「レール/直線」の「IMAGICバラスト」から、「ストレートレールIS128」をドラッグ＆ドロップで、図面上に配置してください。

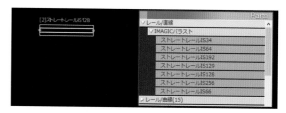

図1-2-3　「パーツ・パレット」から「直線レール」を選ぶ

ある程度、長くしたいので4本ぐらい並べてみます。

配置した部品は、ドラッグ＆ドロップで移動できます。

「レール」と「レール」は、つながります。

「レール」と「レール」を近づけて、ドラッグ＆ドロップしてください。

図1-2-4　「レール」と「レール」はつながる

■編成を作る

「列車編成」を作ります。

「編成」は、線路に重なるように配置します。

＊

「線路」を１つだけクリックして、選択状態(白く表示)にします。

＊

選択された線路上で、**右ボタンを押したまま**でメニューを表示して、メニューのいちばん下の「**編成配置**」を選びます。

図1-2-5 右メニューから「編成配置」を選ぶ

「編成ダイアログ」が表示されます。

図1-2-6 編成ダイアログ

編成ダイアログは、3つのブロックに分かれています。

① **上段** 「形式の選択」

② **中段** 「車輌の選択」

③ **下段** 「編成の構成」

[手順] 編成を配置する

[1]**上段**で「形式」を選びます。

[2]**中段**で「配置したい車輌」を選びます。

[3]「配置したい車輌」を、**下段**にドラッグ＆ドロップすると、「任意の位置」または「最後尾」に、「車輌」が追加されます。

図1-2-7 下段に車両が追加されていく

[4]編成から不要な車輌を取り除く場合は、「下段に配置されている車輌」を、「中段」にドラッグ＆ドロップします。

[5]「OK」ボタンで編成の作成が完了します。

図1-2-8 編成が作成できた

■運転しよう

配置した編成を運転してみましょう。

[手順] 車両を運転する

[1]「ツール・ボックス」の「**運転**」ボタンで、運転を開始します。

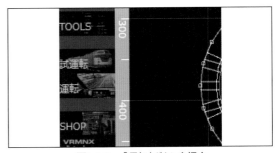

図1-2-9 「運転」ボタンを押す

[2]「ビュワー」に画面が切り替わります。

[3]「運転操作」は、「カーソル」キーの上下（↑↓）で、「速度」がアップダウンします。

「カーソル」キーの左右（←→）は、「視点」の切り替えで、いくつかの視点が、順番に切り替わります。

図1-2-10　運転席が表示される

[4]「ビュワーの終了」は、右上の「赤いボタン」を押します。

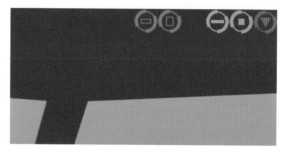

図1-2-11　赤いボタンを押して「ビュワー」を終了

「シミュレーターの終了」は、メニューから「終了」または、ウインドウの「クローズ」ボタンしてください。

1-3　画面の文字を見やすく

ディスプレイに合わせて、読みやすい大きさの文字に変更できます。

■ビューを開く

「レイアウト」→「ビュー」と開いて、GUIフォントのボタンを押してください。

4つのボタンそれぞれに、フォントが設定されています。

初期状態は、「プロポーショナル」です。

文字ごとに幅が異なります。

「等幅」は、「文字幅」が一定です。

図1-3-1　［▼レイアウト］→［ビュー］

*

「プロポーショナルL」または「等幅L」を選ぶと、「大きな文字」で表示します。

図1-3-2　文字が拡大された

1-4 鉄道模型

「鉄道模型」は、鉄道をメインテーマとする模型です。

「規格化された線路」に、精密に再現された「模型車両」を走行させることができます。

■車両

車両は、線路の規格に合わせて精密に再現されています。

最もメジャーな「Nゲージ」の場合は、「9ミリ幅」の線路に合わせて、新幹線は「1/160スケール」、国鉄/JR在来線は「1/150スケール」で構成されています。

線路に流れる「直流電流」で、「編成」に組み込まれている「モータ付き車両」を制御します。

一般的な鉄道模型では、最大「12V」の電圧で、「モータの回転数を制御」して、「速度をコントロール」します。

「車両」は、「配備エリア」「時代」「製造時期」などによって、細部が異なります。

鉄道模型には、細部の違いを資料から探って再現するという、楽しみ方もあります。

表1-1 車両の種類

蒸気機関車	水蒸気でシリンダを動作させて進む機関車。最も有名な「D51」、旅客最大の「C62」などがある。
電気機関車	電気でモータを回転させる機関車。「EH10」を境に「旧型電気機関車」と「新性能電気機関車」に分かれる。
ディーゼル機関車	ディーゼル・エンジンで駆動する機関車。幹線用「DD51」などがある。
電車	現在の国内鉄道の大部分を構成するモータ駆動の車両。モータを編成の各車両に配置する、「分散モータ式」が特徴。
気動車	ディーゼル・エンジンで駆動する旅客車両。非電化区間で活躍。
客車	電車が普及するまでの旅客輸送の主力だった。
貨車	輸送目的ごとに、さまざまな貨車がある。近年は、コンテナ化され、コンテナ車が主流。

■線路

「鉄道模型」は、走行させることが主目的の模型です。

「実際の鉄道」では、「標準軌」「狭軌」など複数の「軌間」があります。

鉄道模型では、「軌間」を固定＆規格化して、車両側のスケールを調整して、模型化しています。

＊

現在の鉄道模型の一般的な線路は、プラスチック製の「固形道床」に「線路」が固定されています。

「直線線路」の「長さ」、「曲線線路」の「半径」は、メーカーごとに「規格化」されています。

「規格化された線路」を組み合わせることで、「列車を走行させる路線」を、簡単に組み立てることができます。

「森林鉄道」など、特別に狭い軌間の線路を使用している場合は、「9mm」ゲージの上に「大スケール」の車両を載せることがあります。

一般的に「ナロー」と呼ばれています。

「鉄道模型シミュレーター」では、「1/150」スケールの「森林鉄道専用レール」を用意しています。

■「鉄道模型」を「仮想空間」に再現

「鉄道模型シミュレーター」は、鉄道模型の世界を、「仮想空間」に再現しています。

＊

多種多様な「線路」、「建物」を組み合わせて、「路線」を作成したり、さまざまな「車両」で「編成を構成」して、「走行させる」ことができます。

＊

広大な「仮想空間」では、現実の鉄道模型では物理的に構成できないほどの、大規模なレイアウトを作ることも可能です。

第**2**章

基本テクニック

本章では、「VRM-NX」の基本操作を一通り説明します。
「VRM-NX」の「レイアウト制作」や「運転操作」が、すぐ
に楽しめます。

急行で活躍した165系

2-1　ウインドウ

「鉄道模型シミュレーター NX」のウインドウ構成を説明します。

■ レイアウター

「レイアウター」は、①「メイン・ウィンドウ」、②「部品パレット」、③「レイヤー・パレット」の3つのウインドウで構成します。

図2-1-1　レイアウターの画面構成

●ツール・ボックス

レイアウト作成のツールを切り替えます。

また、製作中のレイアウトの「試運転」、完成したレイアウトの「運転」を行ないます。

図2-1-2　ツール・ボックス

●部品パレット

「鉄道模型シミュレーター NX」に組み込んでいる部品は、「部品パレット」に「リスト」されます。

この「パレット」から、「部品」をドラッグ＆ドロップして、「レイアウト」に配置します。

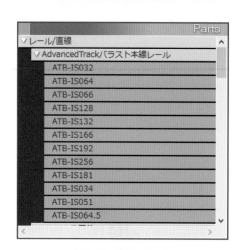

図2-1-3　部品パレット

●レイヤー・パレット

「レイアウト」に配置した「部品」を「リスト」します。

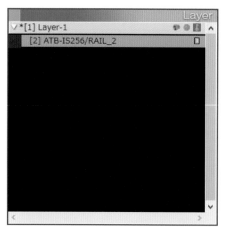

図2-1-4　レイヤー・パレット

●タブ

複数の「レイアウト」を切り替えます。

図2-1-5　タブ

●ツール

主な設定は、「レイアウター・ツール」で行ないます。

「ツール・ボックス」の「TOOLS」ボタンで「ON/OFF」できます。

図2-1-6 レイアウター・ツール

■ ビュワー

「運転」「試運転」で表示される3D画面です。

図2-1-7 ビュワー

●タイトル・バー

「作品名」「列車名」「カメラモード」「座標」を表示します。

「タイトル・バー領域」をドラッグすると、ウインドウを移動できます。

図2-1-8 タイトル・バー

●アイコン

画面のアイコンを左から説明します。

表2-1 画面のアイコン

タグ	列車など、操作対象のタグを画面にON/OFFする。
ウインドウ	ビュワーのツール・ウィンドウをON/OFFする。
縮小化	ウインドウをアイコン化する。
最大化	ウインドウを最大化する。
ビュワー終了	ビュワーを終了して、レイアウターに戻る。

図2-1-9 アイコン

●ツール・ウィンドウ

[▼情報]（ビュー、デバイス）

「ビュー」には、「レイアウト・サイズ」、「ウィンドウ・サイズ」、「カメラ情報」(From/At/FOV)を表示。

「デバイス」には、「フレーム・レート」などを表示。

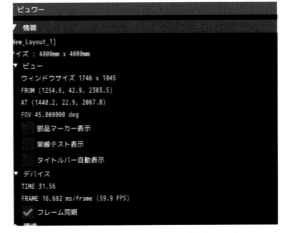

図2-1-10 [▼情報]→[ビュー][デバイス]

[▼情報]（環境、ログ）

「太陽光」「フォーカス設定」「ログ」を表示。

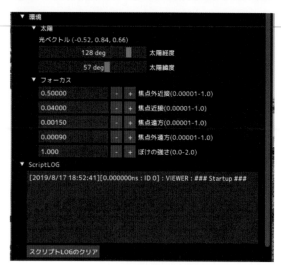

図2-1-11　［▼情報］→［環境］

[▼列車]

「列車リスト」と「アクティブ（運転対象）な編成」の直接操作を表示。

図2-1-12　［▼列車］→［列車リスト］［アクティブ編成操作］

●リスト

「ポイント」「ターンテーブル」などのリストを表示。

図2-1-13　リスト

●タグ

「タグ」を表示。

列車の「タグ」をクリックすると、対象の編成が「アクティブ」（運転対象）になります。

図2-1-14　タグ

2-2　レイアウト

■ レイアウトとは

　「鉄道模型」は、「線路」を組み合わせて「路線」を作り、「プラットホーム」「駅舎」などを配置して「駅」を作り、周辺に「建物」「道路」などを配置して「情景」を作ります。

　これらをまとめて、「レイアウト」と呼びます。

●プランニング

　一般的な鉄道模型のレイアウトは、一定面積に「線路」や「建物」を配置します。

表2-2　レイアウトに盛り込む要素

線路	基本的なプランは楕円形の周回路線。 単線の場合は1つの円で、複線の場合は、外回りと内回りの2つの線路を配置する。
駅	周回線路の途中に駅を設置するか、分岐でターミナルを設置。 駅の設置場所によって、「島式プラットホーム」か「対向式プラットホーム」を選択。
山	レイアウトに起伏をあたえるため、「山」を設置。 「トンネル」「切通し」なども検討。
建物	情景を演出するための建物を配置。 都市部、農村部など、シーンに合わせた建物を配置。 また、古いタイプの建築物を配置して、時代を表現することもできる。
高架	充分に大きなレイアウトの場合は、線路を高架にすることができる。 勾配はある程度のスペースが必要。

　「1800mm×900mm」などの大きさが使われます。

　レイアウトに盛り込む要素を考え、それを情景として成立するように配置していきます。

　これを「プランニング」と呼びます。

　限られた面積に、「要素」を適切に配置する"センス"が問われます。

●情景

[都市]

　大規模なターミナルを中心に商業地区、幹線道路を配置します。

図2-2-1　都市

[市街地]

　住宅地を中心に、小規模な駅を配置します。

図2-2-2　市街地

[ローカル風景]

　田園風景など。

図2-2-3　ローカル風景

[車両基地]

　多数の「留置線」を配置します。

「照明鉄塔」もいくつか配置します。

図2-2-4　車両基地

[山岳路線]

　山岳部に「築堤」「鉄橋」「トンネル」「切通」を配置します。

　立体的な情景のため、比較的テクニックが必要です。

図2-2-5　山岳路線

2-3　配置から運転まで

「編成」を配置して、運転してみましょう。

■ 起動

　「Windows10」の「スタート・メニュー」から起動します。

　起動時に「システムのアップデート情報」が表示されたら、「アップデート」を行なってください。

　「部品」は適時アップデートされます。
　起動時に、「部品」のダウンロード更新を行なうことがあります。

■ 終了

　アプリのメニューから「終了」します。

■ 公開作品で遊ぶ

　インターネットに公開されている作品をダウンロードして、メニューの「ファイル」→「レイアウトを開く」から、「vrmnx」ファイルを開きます。

図2-3-1 「vrmnxファイル」を開く

拡張子が「.vrmnx」のファイルは、「鉄道模型シミュレーター NX」の「レイアウト・ファイル」です。

「.vrx」ファイルは、「鉄道模型シミュレーター 5」(旧世代VRMONLNE)のファイルです。

「.vrx」ファイルは、ある程度互換性がありますが、「スクリプト」や「列車」の挙動に違いがあります。

「スクリプト」を使っている場合は、「スクリプト」を構成する必要があります。
＊
ファイルの読み込み時に「不足部品」が表示された場合は、その部品が含まれている「部品パッケージ」を入手する必要があります。

ファイルを問題なく読み込みできれば、ツール・ボックスの「運転」ボタンで、すぐに遊ぶことができます。

■ 作品を作る

「ファイル」→「新規レイアウト作成」を選び、新しいレイアウトを作ります。

●線路の配置

「鉄道模型シミュレーター NX」のレイアウト制作は、「部品」を「レイアウト」に配置すること

が大部分です。
＊
「部品」は、「部品パレット」から「レイアウト」にドラッグ＆ドロップします。

図2-3-2 部品パレット

「部品パレット」には、「線路」「建物」などの各種部品が並んでいます。

「部品」は、ショップで購入することで、増やすことができます。

「線路」は、「直線の長さ」「曲線の半径」「複線間隔」などが、鉄道模型メーカーによって規格化されています。
＊
鉄道模型レイアウトの基本的な線路配置は、「円形」です。

周回して出発点に戻るため、運転操作が簡単になります。

「円形線路」は、同一半径の曲線線路をつなぎます。

[手順]　円形路線を作る

[1]「曲線線路」を「部品パレット」から「ドラッグ＆ドロップ」します。

図2-3-3　曲線を使う

[3][CTRL]＋[D]キーを複数回押して、円がつながるようにします。

[4]最後までつながると、「円形線路」の完成です。

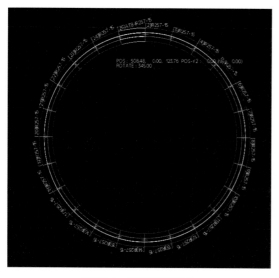

図2-3-4　円形路線の完成

　基本の「円形線路」が出来上がったら、直線線

路を挟むなどして、プランを拡大できます。

　このときに、「異なる半径」や「長さ」の線路で、「ズレ」ないように注意します。

●建物の配置

　線路の配置が完了したら、建物を配置します。

　「駅」「商業地区」「住宅地区」「道路」などの部品を、レイアウトに並べていきます。

●編成の配置

　「列車編成」は、線路に配置します。

[手順]　列車編成の配置

[1]編成を配置できる充分な長さがある線路を一本、選びます。

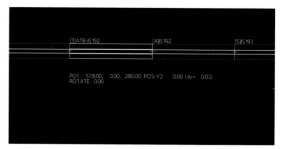

図2-3-5　編成を配置する場所を選ぶ

[2]選んだ線路の上で右クリックして、「ポップアップ・メニュー」から「編成配置」を選びます。

図2-3-6　右クリック・メニューから「編成配置」を選ぶ

[3]「編成エディタ」が起動します。

　「形式を選択」後、「中央エリア」から「下部エリア」に、「車両」をドラッグ＆ドロップして編成します。

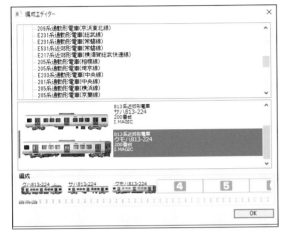

図2-3-7　編成エディタ

[4]「OK」ボタンで編成が確定します。

　車両が「赤い枠」で表示されます。

　（※「赤い枠」が表示されない場合は、線路長が不足している）。

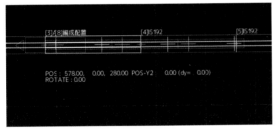

図2-3-8　車両は赤い枠で表示

[5]「ツール・ボックス」の「試運転」ボタンで、「配置した編成」を確認します。

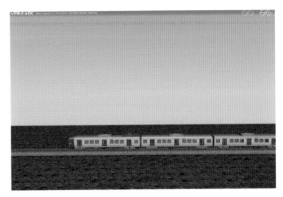

図2-3-9　試しに動かしてみる

● 試運転

　「線路」「建物」「編成」を配置すると、走行可能な状態になります。

　「レイアウト作品」が、想定どおりの仕上がりになっているか、「試運転」で確認します。

　「部品の配置」「設定」「試運転」を繰り返して、作品を作り上げていきます。

＊

　「自動センサ」「モーションパス」などの位置ガイドを、3D画面に表示。

　「センサ」が想定位置にあるか、想定した動作になるか確認できます。

　「試運転」ボタンは、従来の「鉄道模型シミュレーター」のワイヤーフレームに代わる、新しい機能です。

　「地上カメラ」の画面の切り替え動作は、「運転モード」で確認します。

● 運転

　完成した作品は、「運転」ボタンで運行開始します。

　画面が「運転台視点」になり、列車を運行できます。

2-4　部品を増やす

「鉄道模型シミュレーター NX」は、ショップで販売されている部品を購入して、使える部品を増やすことができます。

●鉄道模型シミュレーターショップ

「ツール・ボックス」の「SHOP」ボタンを押します。

*

「鉄道模型シミュレーター NX」は、「ダウンロード販売」などのパッケージを購入して、インストールしてください。

複数のパッケージを組み合わせて、部品を追加することもできます。

「アンロック」の対象部品は、以下のリストのとおりです。

「鉄道模型シミュレーター NX」と「VRMON LINE-NX」、「鉄道模型レイアウター」は、別系統のシリーズです。

双方の部品を混在させて使うことはできません。それぞれのシリーズに対応する部品を入手してください。

2-5　部品の種類

「鉄道模型シミュレーター」の部品は、「線路」「建物」「システム」などいくつかの種類があります。

種類ごとに役割が決められていて、部品を組み合わせてレイアウトを作ります。

■ 規格

「線路」「建物」(=ストラクチャー)は、「規格」が決められていて、「鉄道模型シミュレーター」は、「Nゲージ」のシミュレーターです。

*

「Nゲージ」は、レール幅が「9mm」の鉄道模型です。

「カーブ半径」「道床の形状」「複線間隔」により、複数の規格が存在します。

「鉄道模型シミュレーター」では、「トミックス規格」と「アイマジック規格」を混在して使えます(相互に接続できる)。

●アイマジック規格

仮想鉄道模型用に規定した、独自の規格線路です。

「大半径カーブ・レール」「フレキシブル・レール」などが使えます。

●トミックス規格

トミーテックからリリースされている、国内の標準的な線路システムです。

「パワードバイトミックス製品」に収録されています。

■ 線路

●道床

鉄道模型の線路の土台は、「道床」と呼びます。

「道床」は、いくつか種類があります(表2-5)。

国内の一般的なNゲージの線路は、プラスチックに「砂利」「枕木」がモールドされた、固形

の道床です。

●線路の種類

線路の種類を**表2-6**に記します。

表2-5　道床

バラスト道床 ＋木枕木	砂利がモールドされた道床。枕木は、木。ローカル線などに最適。
バラスト道床 ＋PC枕木	砂利がモールドされた道床。枕木は、コンクリート。現行路線に最適。
スラブ道床	コンクリート製のブロックが並ぶ道床。新幹線、高規格の近郊通勤路線など。

表2-6　線路の種類

直　線	直線レール。長さがいろいろある。端数長のレールは、ポイント部分の複線間隔調整などに使う。
曲　線	曲線レール。半径、角度がいろいろある。端数半径のレールは、ポイント部分の複線間隔調整などに使う。
ポイント	線路を分岐する。
バリアブル・レール	長さを変えられるレール。スライドできる構造になっている。
フレキシブル・レール	「鉄道模型シミュレーター」は、「仮想空間」の利点を生かして、道床付きの曲げられるレールを実現している。
ターンテーブル	「蒸気機関車」に最適な転車台。
鉄　橋	各種鉄橋がある。

■ 橋脚と高架プレート

鉄道模型の「高架区間」は、「橋脚」「高架橋」「線路」を組み合わせて作ります。

「高架橋」の下に「橋脚」を配置、「高架橋」の上に「線路」を配置します。

「鉄道模型シミュレーター」では、「線路付きの高架橋」と区別するため、「線路なし高架橋」のことを、「高架プレート」と呼びます。

●橋脚

「高架プレート」の接続部分に合わせて配置します。

「高架プレート」の「設置高度」を決定します。

「橋脚」は、1つの部品で高さを変更できる「可変橋脚」と、単一の高さの「固定橋脚」があります。

また、高さを設定しますが、表示されない「透明橋脚」があります。

「透明橋脚」は、線路との立体交差部分など、通常の橋脚が配置できない場所に使います。

●高架プレート

線路を配置するための「高架橋」です。

「通常路線用」「駅区間用」などがあります。

駅用の「高架橋」は、「島式プラットホーム」「対向式プラットホーム」など、用途別に部品があります。

■ 鉄道設備

「架線柱」「信号機」など、鉄道の運行に必要な設備です。

表2-7　鉄道設備

架線柱	「架線」を支える「支柱」。新幹線用、在来専用、交流、直流など、さまざまな種類がある。
信号機	鉄道の運行を支える重要な設備。閉塞状態(その先の区間に進んでも大丈夫?)を表わす。
標　識	列車の停止位置などさまざまな標識。

■ トンネル

「トンネル区間」は、トンネルの入り口になる「ポータル」と、「トンネル本体」を組み合わせて設置します。

「地下駅」は、専用のトンネル部品を使います。

■ 建物

　鉄道模型では、建物を「ストラクチャー」と呼びます。

表2-8　ストラクチャー

住　宅	小型住宅、郊外建売住宅など。
ビ　ル	高層ビル、マンション、雑居ビルなど。
プラットホーム	島式、対向式など構造。ローカル線などシーンによる違いなど。
駅　舎	簡単な改札口から大規模な高架駅など。
工　場	工場建屋、タンク、配管など。
店　舗	小型の商店、大型店舗など。
鉄道施設	機関区、詰所、保線小屋。

■ 地形(河川)

　地形表現を補助する部品です。複数の部品を接続して使います。

■ 自動センサ

　レールの上に配置して、列車を検出します。
　「自動センサ」は、列車を検出すると、指定されている命令を自動的に実行します。

　また、検出のタイミングで、スクリプトを実行できます。

■ 地上カメラ

　地上に設置するカメラです。
　列車の接近により表示が切り替わります。カメラを切り替えて迫力あるシーンを意図的につくるときに使います。

■ 車輌配置

　編成の「出発地点」を指定し、「編成の内容」を登録する部品です。

■ モーション・パス

　「地上カメラ」「音源」を軌道に沿って移動させるための部品です。

2-6 トミックス規格線路

トミーテックの鉄道模型ブランド、「トミックス」の規格線路は、日本の道床付き線路の事実上の「標準規格」(デファクト・スタンダード)です。

簡単なルールを覚えれば、少ない部品種類で複雑なレイアウトが、容易に制作できます。

■「FineTrack」について

「FineTrack」は、2002年秋よりリリースされた線路。

従来と比べ、バラストがより実感的になり、ジョイントの改良など、組み立ても容易です。

「FineTrack」の線路規格は、旧トミックス線路製品と互換性が維持されています。
「FineTrack」は、部品名に(F)が付与されています。
※トミックス規格の詳細については、トミックス・カタログを参照してください。

■ 基本規格

表2-9 基本企画

基本複線間隔	37mm
島式プラットホーム複線間隔	55.5mm
基本直線レール長	140mm
高架区間の高さ	
橋脚本体の高さ	55mm(水平区間)
線路路盤の高さ	55+13=68mm(単線高架橋の場合)※13mmは高架プレートの厚み

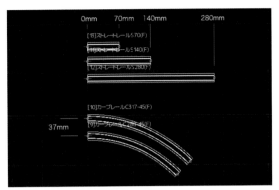

図2-6-1 トミックス線路規格

■ ポイントの数値仕様

表2-10 「ポイント」の数値仕様

表記半径	541	280
角度	15	30
直線部分の長さ	140mm	140mm
データ半径	540.91846mm	280.0mm
分岐間隔	18.43135mm	9.540769mm

「データ半径」はVRM内部での仕様であり、模型製品とは異なります。

「VRM」は、分岐間隔の正確さより、角度の正確さを優先して設計されています。

「カーブ・ポイント」は、「カーブ区間の一部」と「カーブ区間の渡り線」の、2つの使い方があります。

模型製品では両方の使い方ができるように、中間の状態で設計されています。
手動で配置する必要があります。

2-7　アイマジック規格線路

　「アイマジック規格線路」は、仮想鉄道模型向けの線路規格です。

　広大な「仮想空間」を有効に活用できる、大半径カーブ・レールや道床付きフレキシブル・レールなどが特徴です。

■R2規格（AdvancedTrack）

　「リビジョン2規格」の線路です。

　「線路」「道床」が、実際の線路に近いデザインになりました。

　リアルな外観の線路です。

　新しいポイント、大半径カーブ・レールなど、使いやすさとリアルさを両立しています。

　道床、枕木の種類によって分類された部品群で構成されます。

●基本規格

　線路幅は、「9mm」です。

　レールは、在来線、新幹線いずれにもマッチするようにデザインしています。

表2-10　基本規格

基本線路長	128mm
高架区間の橋脚標準高さ	50mm（水平区間）
高架区間の線路の高さ	50mm+5mm=55mm（5mmは高架橋の厚み）
基本複線間隔	34mm
拡張複線間隔	51mm
島式ホーム複線間隔	68mm
新幹線島式ホーム複線間隔	76.5mmから76.9mm（組み合わせる線路によって変動）

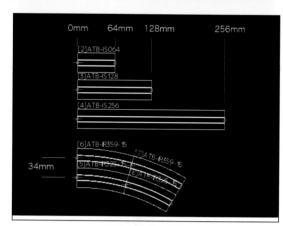

図2-7-1　基本規格

●幅広道床仕様

　線路を基本複線間隔で並べた場合、線路間の隙間がなくなるワイドな道床仕様になっています。

　このため、幅広い道床の線路と組み合わせが可能な「新幹線高架橋」、「R2築堤」と合わせて利用してください。

　VRM4互換の「高架プレート」「築堤」は、「幅広道床」がはみ出る場合があります。

●既存線路との接続

　既存のアイマジック規格線路、トミックス規格線路のいずれにも接続できます。

　線路の断面は、それぞれ異なります。"ATB-CAP"部品で、道床の断面をふさぐことで断面部分を処理できます。

　旧規格のアイマジック線路とは、ポイントの仕様が異なります。

　ポイントを含む線路を接続する場合は、ずれが生じる可能性がありますので「フレキシブル・レール」などで調整してください。

●バラスト本線レール

　PC枕木と本線用のバラスト道床で構成されたレールです。

　既存レールと互換性を維持しつつ、実際の鉄

道で使用されているバラスト道床を再現するために、道床全体を2mmかさ上げしてあります。

●ポイント

「」ポイントは、「トング・レール」「床板」など実物のディティールを組み込んだ新しいデザインになっています。

分岐側の曲線部分は、単一の半径をもつ「カーブ・レール」ではなく、複数の半径を組み合わせた「複合曲線」になっています。複合曲線により、分岐側の間隔が正確な数値になっています。

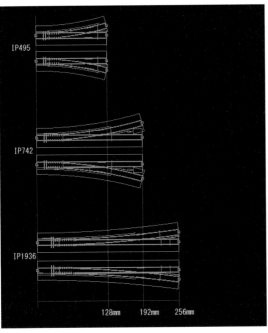

図2-7-2　ポイント・レール

表2-11

	主半径	分岐角度	分岐幅	全長
IP495	495mm	15	17mm	128mm
IP742	742mm	15	25.5mm	192mm
IP1936	1936mm	7.6	17mm	256mm

「ポイント」と組み合わせて使う「ポイント補助カーブ・レール」も、複合曲線で構成されています。

IP1936に接続するレールは、通常のメニューなどの回転操作では最小で1度単位の回転になるため、オプションに回転角度に入力して小数角度を設定してください。

●補助直線レール

分岐幅の調整などに使用するレールです。

・IS066

[実際の長さ]66.25767555
[調整内容]64mmを15度傾けた長さ

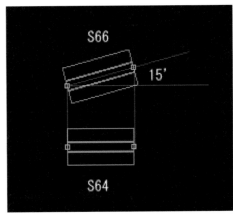

図2-7-3　IS066

・IS064.5

[実際の長さ]64.56198572
[調整内容]64mmを約7.6度傾けた長さ

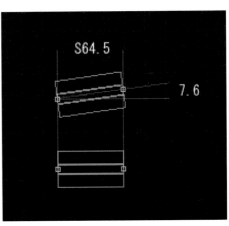

図2-7-4　IS064.5

・IS132

[実際の長さ]132.5153511
[調整内容]128mmを15度傾けた長さ

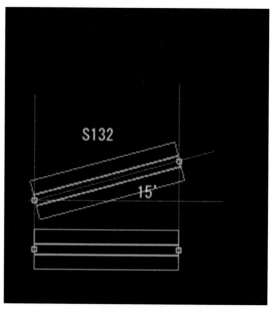

図2-7-5　IS132

・IS166

[実際の長さ]165.6441889
[調整内容]160mmを15度傾けた長さ

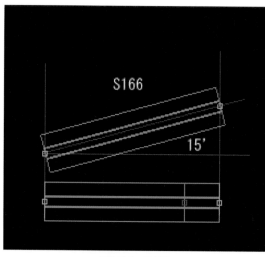

図2-7-6　IS166

・IS181

[実際の長さ]181.019336
[調整内容]128mmを45度傾けた長さ

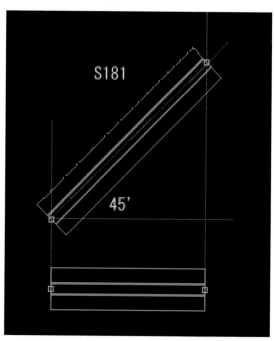

図2-7-7　IS181

・IS034

[実際の長さ]34.0
[調整内容]複線幅

・IS051

[実際の長さ]51.0
[調整内容]拡張複線幅

●補助曲線レール

　「ポイント」と組み合わせたり、「複線間隔」を
調整したりするときに使うレールです。

●カント付きレール

　車体をカーブの内側に傾けるため、外側の
レールが高くなっているレールです。
　「カント付き」の本体レールと、その前後にカ
ント量が徐々に変化するレールを配置して、「カ
ント曲線」を構成します。

■R1規格

VRM4時代に制作された「バラスト・レール」「スラブ・レール」などが、リビジョン1になります。

表2-12　R1規格

基本複線間隔	34mm
島式プラットホーム複線間隔	68mm
基本直線レール長	128mm
高架区間の高さ・	
橋脚本体の高さ	50mm（水平区間）
線路路盤の高さ	50+4.5=54.5mm（単線高架橋の場合）※4.5mmは高架プレートの厚み

●ポイントの数値仕様

[表記半径]495
[角度]15
[直線部分の長さ]128mm
[データ半径]494.55402mm
[分岐間隔]16.8515mm

[表記半径]742
[角度]15
[直線部分の長さ]192mm
[データ半径]741.83103mm
[分岐間隔]25.2772mm

[表記半径]980
[角度]15
[直線部分の長さ]256mm
[データ半径]989.10805mm
[分岐間隔]33.7030mm

2-8　7mmレール

「Nゲージ」（線路幅9mm）の国鉄在来線車両は、歴史的経緯から、「1/150」スケールになっています。

大部分の在来線の実物線路幅は「1067mm」で、「1/150」スケールでは「約7mm」になります。

「Nゲージ線路」との差は、「2mm」になります。

「Nゲージ」は、「9mmレール」での走行を最優先とするため、この差は暗黙の了解となっています。

「VRM-NX」の「7mmレール」は、実物レールを「1/150」スケールで再現しています。

既存のNゲージ・レールの代わりに使うことで、「1/150」スケールの国鉄在来線車両で、実車と同様な"狭軌感"を得ることができます。

VRM-NXの主な在来線車両は、編成の設定を変更することで、「7mm」レールに簡単に対応できます。

蒸気機関車など、Nゲージ（9mm）専用の一部車両は、対応していません。

また、標準軌の新幹線などは対応していません。

図2-8-1　"狭軌感"を実感できる7mm幅レール

※気機関車は、「シリンダ」「ロッド」など、「Nゲージ」に合わせて設計されています。台車構造などは、ゲージ変更後も、Nゲージ用のモデルが維持されます。

■ 7mmレールの規格

線路幅	7mm
標準複線間隔	28mmまたは34mm
標準島式駅複線間隔	68mm

■ カーブ

　実物の複線に近い、「28mm」の複線間隔を設定しています。

　一般的な「20m」車両が相互にすれ違えるように、最小半径は、「350mm」です。また、カーブ半径ごとに、大きく分けて大中小の3グループあります。

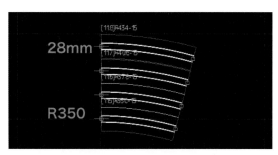

図2-8-2　カーブ・レール1

　既存のNゲージ線路と同じ、「34mm」の複線間隔。最小半径は「257mm」です。

　「28mm」をベースにデザインしているため、「34mm複線間隔で線路を配置した場合、線路と線路の間に隙間が生じます。

　プラットホーム設置区間は、「34mm」(対向式プラットホーム)または「68mm」(島式プラットホーム)の複線間隔で設定してください。

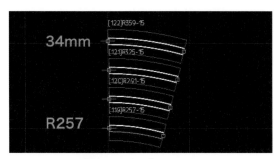

図2-8-3　カーブ・レール2

　R684カーブ・レールと組み合わせて、「28mm」と「34mm」の複線間隔を調整できます。

　本線部分を「28mm」で作成、プラットホーム前後でR684カーブ・レールを設置して、「34mm」の駅区間を構成します。

図2-8-4　プラットホーム前後は、R684カーブ・レールを設置

■ ポイント

　「7mm」レールのポイントは、「28mm複線間隔」用と「34mm複線間隔」用の2種類があります。

　それぞれに、対応するカーブ・レールと複線間隔を調整するためのストレート・レールがあります。

　レールの「回転角度」は、端数です。

●28mm

　P592ポイント・レールとR592カーブ・レールを組み合わせて、「28mm」の複線間隔を構成します。

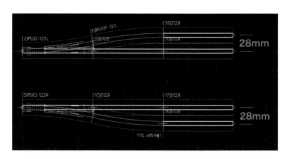

図2-8-5　28mm複線間隔用ポイント

　S064.76レールを2本組み合わせて、42mm(28mm+14mm)の複線間隔を構成します。

図2-8-6　48mm複線間隔用

●34mm

　P490ポイント・レールとR490-15.1カーブ・レールを組み合わせて、「34mm」の複線間隔を構成します。

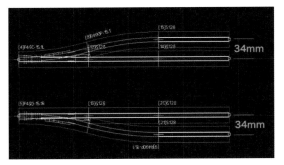

図2-8-7　34mm複線間隔用

　S065.13レールを2本組み合わせて、「51mm」(34mm+17mm)の複線間隔を構成します。

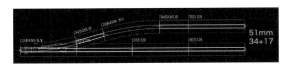

図2-8-8　51mm複線間隔用

　S065.13レールを4本組み合わせて、プラットホーム用の「68mm」の複線間隔を構成します。
　計算誤差が大きくなるため、「バリアブル・レール」の利用もおすすめします。

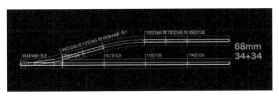

図2-8-9　68mm複線間隔用

■ 設置と運転

　「7mm」レールを設置します。

図2-8-10　7mmレールを設置

　編成を構成します。

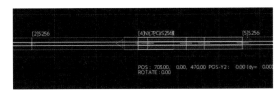

図2-8-11　編成の構成

　配置した編成を選択して、「プロパティ」→「基本設定」の「車輪のゲージ設定」を「9mm」ゲージから「7mm」ゲージに変更します。

図2-8-12　9mm→7mmゲージに変更

　ゲージを変更した編成は、自動的に「7mm」レールに合わせて表示されます。

図2-8-13　7mmレールに合わせて表示

2-9 7mmレール-2

■ クロッシング・レール

　直線が交差するレールで、「28mm複線」と「34mm複線」のクロッシング・レールがあります。

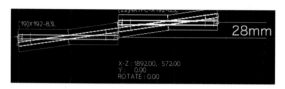

図2-9-1　28mmクロッシング・レール

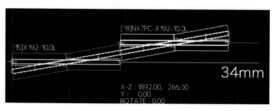

図2-9-2　34mmクロッシング・レール

■ ダブルスリップ・ポイント

　交差するレールと、相互に行き来できるポイントです。
　「直進」と「分岐」の状態を設定できます。

　「トング・レール」の挙動をシンプルにするため、実物とは動作が異なります。

　「28mm複線」と「34mm複線」の「ダブルスリップ・ポイント」があります。

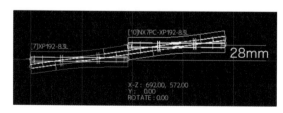

図2-9-3　28mmダブルスリップ・ポイント

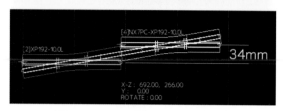

図2-9-4　34mmダブルスリップ・ポイント

■ 11/14番ポイント

　実物の「11番」「14番」相当のポイント。実感的なシーンの構築に利用します。

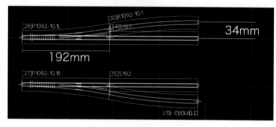

図2-9-5　実物の11番相当

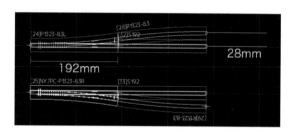

図2-9-6　実物の14番相当

■ 正規化クロッシング

　通常のストレート・レール(S128)が交差するレール。「15度」と「30度」があります。
　異なる2つの通常線路の組み合わせを、つなぎ合わせることができます。

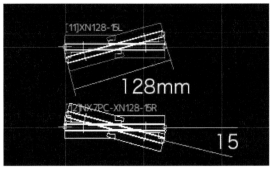

図2-9-7　15度クロッシング・レール

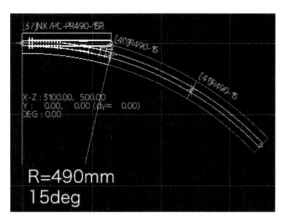

図2-1-9　カーブ・レールR490を使ったポイント

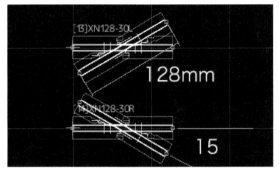

図2-9-8　30度クロッシング・レール

■ 正規化ポイント

　通常のカーブ・レール（28mmカーブ・レールの「R490」、または34mmカーブ・レールのR495）に分岐するポイントです。

　異なる２つの通常線路の組み合わせを、つなぎ合わせることができます。

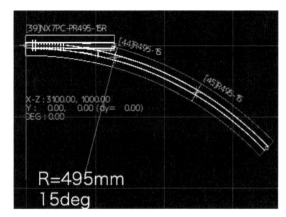

図2-1-10　カーブ・レールR495を使ったポイント

2-10 7mmレール / ガーダー鉄橋

「桁構造」の「鉄橋」の設置について、解説していきます。

■ 設置

「ガーダー鉄橋」と「線路」を配置します。

図2-10-1　「ガーダー鉄橋」と「線路を配置」

通常線路に合わせて、「高架プレート」を配置。

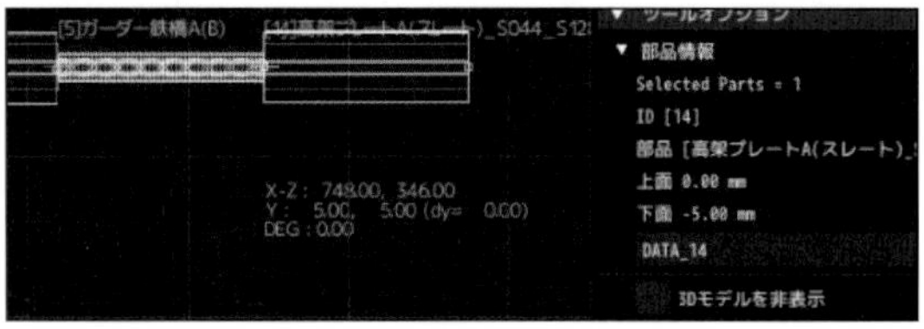

図2-10-2　「高架プレート」を配置

線路のつなぎ目に「橋脚」を配置し、「鉄橋」「線路」「プレート」のジョイントが「橋脚」の形状に含まれるように配置。

「橋脚」の範囲内にあるジョイントは、「AI」により「高さ」が自動設定されます。

「橋脚」の「高さ」は、配置前でも配置後でも、変更可能。

「高架プレート」と「線路」は、2mm以内のズレであれば、「高架プレート」の上に線路が載っていると判断します。

厳密に一致させる必要はありません。

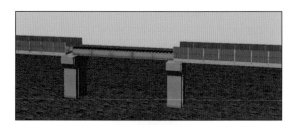

図2-10-3　線路のつなぎ目に橋脚を配置

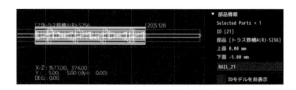

図2-10-4　試運転で確認

2-11 7mmレール / トラス鉄橋

「トラス構造」の「鉄橋」の設置について、解説していきます。

■ 設置

「トラス鉄橋」と「線路」を配置します。

図2-11-1　「トラス鉄橋」と「線路」を配置

通常は、線路に合わせて高架プレートを配置します。

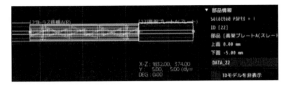

図2-11-2　線路に合わせて「高架プレート」を配置

　線路のつなぎ目に、「橋脚」を配置。「鉄橋」「線路」「プレート」のジョイントが、橋脚の形状に含まれるように配置。

図2-11-3　線路のつなぎ目に「橋脚」を配置

※「橋脚」の範囲内にあるジョイントは、AIにより「高さ」が自動設定されます。
　「橋脚」の「高さ」は、配置前、配置後のいずれでも変更できます。
　「高架プレート」と「線路」は、「2mm」以内のズレであれば、「高架プレート」の上に線路が載っていると判断します。厳密に一致させる必要はありません。

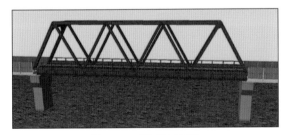

図2-11-4　試運転で確認

■ 専用架線柱の設置

　「トラス鉄橋」用の「架線柱」を設置できます。

図2-11-5　トラス鉄橋用架線柱

　「トラス鉄橋」の「フレーム構造」に合わせて、「架線柱」部品を配置します。

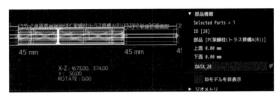

図2-11-6　「トラス橋脚」に合わせて「架線柱」を配置

※「試運転」で確認しながら設置してください。

図2-11-7　試運転で確認

■ カラーリング

　「トラス鉄橋」のカラーリング。奥から、「G」「R」「B」「C」「LG」で色を表わしています。

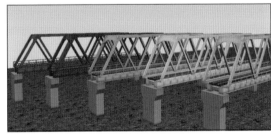

図2-11-8　トラス鉄橋のカラーリング

2-12 7mmレール/RCアーチ鉄橋

コンクリートの「アーチ鉄橋」です。

「アーチ鉄橋」は、「高架プレート」と等価な部品です。

「アーチ鉄橋」を指定の高さに設置後、その上に「線路」を設置します。

■ 設置

「アーチ鉄橋」を設置します。

レールの設置高度は、「120mm以上」を想定してください。

谷底から「120mm以上」の高さに、「線路」を通します。

「アーチ鉄橋」をレイアウトの設置予定位置に配置後、ジオメトリで「高度数値入力」にチェックを入れて、「y」に高さを入力します。

「y」は、谷底の地形から「120mm以上」で、線路の設置予定高度です。

作例では、「140mm」を入力しています。

※アーチ鉄橋は、「単線」「28mm複線」「34mm複線」があります。

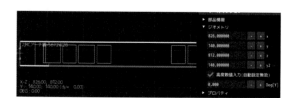

図2-12-1　アーチ鉄橋の高度

「試運転」で、「アーチ鉄橋」の「土台」が、地面から浮いていないか、確認してください。

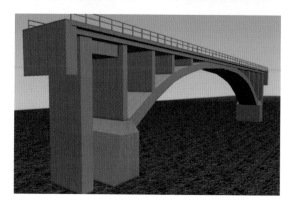

図2-12-2　試運転で確認

※「アーチ鉄橋」の「土台部分」は、設置場所が斜面になることを想定して、地中側を余分に作成しています。

設置後、地形の斜面をブラシで微調整して、土台部分が空中に浮かばないようにしてください。

■ 専用架線柱の設置

「アーチ鉄橋」は、専用の「架線柱」を使います。

縦のコンクリート構造がある、任意の場所に設置してください。

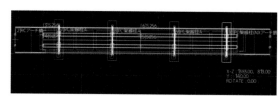

図2-12-3　専用の架線柱の設置

「試運転」で、「取り付け場所」を確認してください。

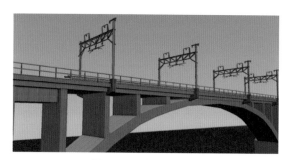

図2-12-4　試運転で確認

2-13　7mmレール/ターンテーブル

国鉄の「ターンテーブル」を再現した部品。「本体」「転車台部分」「外周パーツ」で構成されます。

＊

Nゲージ製品の「ターンテーブル」は、鉄道模型用に「転車台部分」の全長に余裕をもたせています。

「NX7ターンテーブル-T208-15」は、前後「10mm」程度の余裕があります。

※ターンテーブルの外周ブロックは、ドリル対策として32mmの幅を設定しています。

図2-13-1　転車台（ターンテーブル）

■ 設 置

「ターンテーブル」を配置します。

＊

「ターンテーブル」は、地面に埋め込む必要があります。

「ドリル」で地形に穴を開けるか、ブラシで「ターンテーブル」に合わせて地形を掘り下げます。

ここでは、「ドリル」で穴を開けます。

「ドリル」で開けた穴が、「ターンテーブル」の外側に出ないように、「ターンテーブル」は、なる

べく「X-Z座標」を「20mm」単位に合わせて設置してください（作例は601,399に設置）。

「ツール・ボックス」で、「ドリル」を選択。ブラシ形状の半径を「10mm」に設定して、「ターンテーブル」の掘り込み部分にあたる地形に、穴を開けます。

※「ターンテーブル」の外側に「ドリル」で穴を開けてしまった場合は、テクスチャを貼り付けて修復してください。

図2-13-2　「ドリル」で地形に穴を開ける

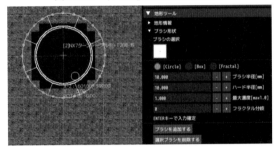

図2-13-3　試運転で確認

■ ブロック

「ターンテーブル」を選び、プロパティを開いて、外周部分の「ブロック」を設定します。

「ターンテーブル」の外周は、「ブロック」の種類に関係なく、「見えない線路」が存在します。

「ブロック」は、外観を決定します。

「TOMIXターンテーブル」は、最初の「ブロック」が線路で固定されています。

「NX7ターンテーブル」は、すべての「ブロック」を設定できます。

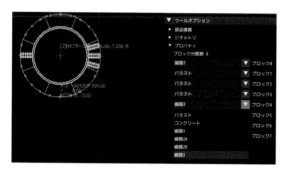

図2-13-4　「ブロック」の設定

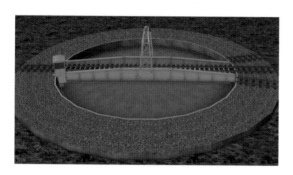

図2-13-5　試運転で確認

■ ブロックの種類
【バラスト】

図2-13-6　バラスト

【コンクリート】

図2-13-7　コンクリート

【線路x1】

図2-13-8　線路×1

【線路x2（2種類ある）】

図2-13-9　線路×2

【線路×3】

図2-13-10 線路×3

■ 車止め線路の設置

「ターンテーブル」に「車止め」を設置する場合は、「エンド・レール」を接続します。

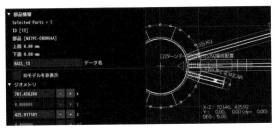

図2-13-11 エンド・レールの接続

「エンド・レール」と「キャップ・レール」を配置します。

図2-13-12 「エンド・レール」と「ギャップ・レール」

■ TOMIX扇形機関庫との組み合わせ

「TOMIX扇形機関庫」を組み合わせることができます。

「扇形機関庫」を「ターンテーブル」に配置する前に、空き地に"仮配置"してください。

配置後、ジオメトリの「高度数値入力」にチェックを入れて、「y」に「-5」を設定します。

※設置予定場所から、「高さ(y)」を「-5mm」に設定してください。未設定の場合、機関庫のベース部分(5mm厚)に、線路が載ってしまいます。

「扇形機関庫」へ線路を配置して、図2-13-13のように、「ターンテーブル」に合わせて「扇形機関庫」を移動します。

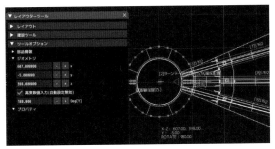

図2-13-13 扇形機関庫

図2-13-14 試運転で確認

■ ビュワー

「ターンテーブル」リストから、任意の「ターンテーブル」を回転操作できます。

「リスト」は、「ターンテーブル」の「名前」「座標」「現在の線路番号」を表示。

「車両」が「ターンテーブル」にないときは、「線路番号」のみ表示。

図2-13-15　「ターンテーブル」に車両がないとき

「車両」が「ターンテーブル」に接触している場合は、「線路番号」と[----]を表示。

図2-13-16　「ターンテーブル」に車両が接触

「車両」が「ターンテーブル」の「回転部分」に収まっているときは、「線路番号」と「列車番号」を表示。

図2-13-17　回転部分に車両が収まっている

2-14　部品の「選択」

レイアウトに配置した「部品」を操作するには、まず「部品」を「選択状態」にします。

「選択状態」になった「部品」は、ハイライトで表示され、複数の方法で選択できます。

場面に合わせて、適切な「選択方法」を利用してください。

■ 部品を１つだけクリック

クリックした部品を選択。

[SHIFT]キーを押しながら部品をクリックすると、追加選択。

[CTRL]キーを押しながらクリックすると、すでに部品が選択されていれば、選択対象から外れます。

■ 「ラバーバンド」（一度に複数を選択）

何も部品がないところから、ドラッグを開始すると、「ラバーバンド」を表示。

「ラバーバンド」の内側に入った部品は、選択状態になります。

[SHIFT]キーを併用すると、「追加選択」になります。

■ レイヤー・パレット

「レイヤー・パレット」に表示されている一覧から、「部品」を選択。

■ 選択解除

部品のない場所をクリック。選択されていた部品が、すべて解除されます。

■ 重なっている部品から選択

　部品が重なっている場合は、重なっている部品の一覧表を、小さなウインドウで表示。

　選択したい「部品」を「リスト」から選べば、部品の「ID」と「部品名」を表示するので、マウスでいずれかを選びます。

■ 削除

　「部品」を選択して、[DELETE]キーを押します。

2-15　部品の「移動」

　「選択状態」になっている部品は、マウスで移動できます。

[手順]
[1] 移動したい「部品」を選択。
[2]「選択した部品」をマウスでドラッグすると、「部品」が移動。
[3] 移動中（左ボタンを押したままの状態）に、マウスの右ボタンをクリックすると、回転。（[SHIFT]キーで逆回転）

※「部品パレット」から部品を配置するときに、ドラッグしながら回転を行なうと、次回の部品配置は、その角度が反映されます。

　これを利用すると、同じ角度で回転する操作を省略できます。

　たとえば、信号機を「90度」回転して配置した場合、その次に配置する部品は、当初から90度回転した状態になります。

　同じ角度で連続配置する場合、「レイアウト・ウインドウ」に配置してから回転させる必要がありません。

　元の「0度」の状態に戻すときは、「部品パレット」からドラッグしているときに、部品を回転させて「0度」にしてください。

■ 数値移動

　1つの部品を「数値移動」する場合は、「ジオメトリ」に「数値」を入力してください。

　複数の選択部品を一度に「数値移動」する場合

は、まず選択部品の上で「右クリック」し、ポップアップ・メニューから「数値移動」を選択してください。

　「数値移動ツール」が表示されます。

■ ジョイント吸着

　「線路」「プラットホーム」など、複数の部品を接続して一つの構造物を構成する部品は、正確に接続するための、「ジョイント」機能があります。

　接続したい「線路」（建物）の近くに角度を合わせておくだけで、自動的に相手の「線路」（建物）に吸着します。

　ジョイントは、「線路＋線路」、「建物＋建物」の組み合わせで接続できます。

※「線路」は、数ミリの「接続誤差」や「接続角度誤差」があっても、「接続した」と判定されます。
　　　　　　　　　　＊
　実際の鉄道模型は、プラスチックという「物質」で作られているため、「鉄道模型シミュレーター」のように数学的な理論値のみの世界とは異なります。

　「曖昧さ」や「誤差」は、必ず発生します。この差を吸収するために、図面上は接続していなくても、条件が整えば「接続した」と判定します。
　（特にポイントは、接続部分での曖昧さを前提に設計されています）。

2-16 部品の「回転」

「選択状態」になっている「部品」を「回転」します。

「回転方法」は数種類あります。

「カーブ・レール」の基本角度は、「15度」。「15度」単位で回転して、配置します。

「ポイント」など特殊な「カーブ・レール」を含むレールは、小数点を含む「端数角度」で設定します。

■ マウスで回転

選択した部品をドラッグ移動中に、右クリックします。「15度」単位で回転します。

＋[SHIFT]キーで反時計回りに回転します。＋[CTRL]キーで、1度単位で回転します。

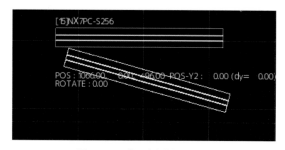

図2-16-1　「15度」単位で回転

■ 「ポップアップ・メニュー」で「回転」

[手順]

[1]「回転したい部品」を選択。

[2]「選択した部品」の上で「右クリック」、「ポップアップ・メニュー」を表示。

[3]「右クリック」したまま、「回転させたい角度」の項目で、ボタンを離す。

[4]部品が回転する。

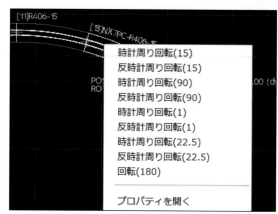

図2-16-2　「ポップアップ・メニュー」で回転

■ 角度の自動調整

「端数角度」の「ポイント」などに、「レール」を接続する場合に使います。

「未接続のレール」を、「接続したいレール」の近くに配置します。

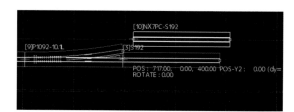

図2-16-3　「接続したいレール」の近くに配置

レールのメニューから、「角度調整」を選択します。

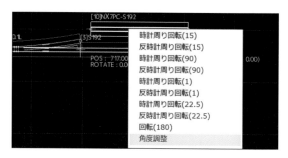

図2-16-4　角度調整を選ぶ

自動的に、「適切な角度」になります。
レールを移動して、接続してください。

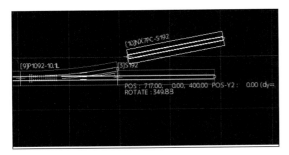

図2-16-5　自動的に適切な角度になる

2-17　部品の「設置高度」

「部品」を置く場所の「高さ」は、「部品」を移動したときに決定します。

「部品」を移動すると、自動的に「設置高度」が計算されます。

＊

「線路」「高架プレート」「鉄橋」「橋脚」、そのほかの「ストラクチャー」と、それぞれ、適切な高度に設定されます。

「高さ」は、部品のジョイントまたは、「回転原点」が基準になります。

「部品」には、「斜めに配置可能な部品」と、「常に水平な部品」があります。

「ジオメトリ」に「yを入力する項目が2つ」表示される部品は、「斜めに配置可能」です。

■「線路の高度」を再設定する

「線路」を一度ドラッグで別の場所に移動してから、再設置してください。「高度」が再計算されます。

※「未接続」の「いちばん近い」ジョイントに、角度を合わせます。
距離が離れているジョイントは対象外です。

「部品」の「回転原点」は変更されません。「回転原点」を中心に、「角度」だけ変更します。

「ストラクチャー」のジョイントは、向きを設定していない場合があります。
「ストラクチャー」によっては、適切な結果になりません。

■ 高架プレート・スロープ

「スロープ部品」は、「高架区間」と「地上」をスムーズにつぐ役割をもちます。

「傾斜部品」で、「高架を接続する側」が高くなっています。
「地上側」は低くなっています。

この部品の上に線路を配置した場合、高架側が橋脚で持ち上げたように高くなります。

トミックス規格では、「ステップ」と呼ばれる部品が同様な機能をもっています。

※「傾斜形状のスロープ部品」は、「傾斜上側のジョイント」と「高架プレートのジョイント」を接続する際に、「段差」が生じます。ジョイント部分に「X」マークが表示されますが、無視してください。

■ 高度の固定と手動設定

部品の「配置高度」を固定する場合は、ジオメトリの「高度数値入力」をチェックしてください。

チェックした部品は、移動しても高さは変化しません。「高度数値入力」をチェックしてから、ジオメトリの「y」の項目に、任意の数値を入力してください。

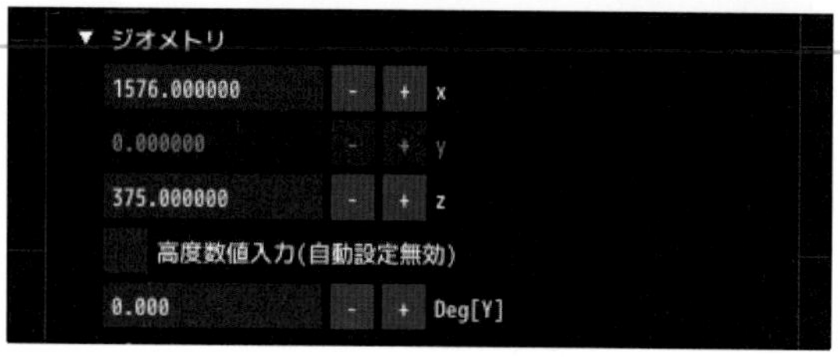

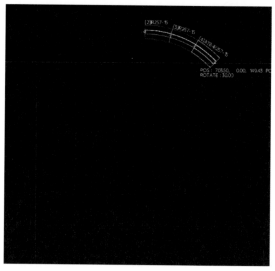
図2-17-1　高度の固定

■ 部品の上面

「部品」の「上面」は、「部品」の「形状」とは別個に設定されています。

たとえば、「プラットホーム」は、「ホームの屋根」の上ではなく、「ホームの床」が「上面」になり、この上に他の部品が配置されます。

＊

また、「上面」のない部品もあります。この場合は、部品を上に置くことができません。

※VRMの「ポリゴン部品」は、「固体」ではなく、「仮想的な存在」です。
「部品」を形状に関係なく「重ね合わせ」ができます。

「ジオメトリ」で「高さ」を「固定」してから、「数値」で「高さ」を直接設定することで、物体の上に載せずに重ね合わせができます。

「傾斜可能な部品」は、「ジオメトリ」に「２つの高さ」を設定する「入力エリア」が表示されます。
それぞれに、「高さ」を設定できます。

「傾斜可能な部品」は、「ビュワー」では特殊な「シアー変形」で表示されます。
「回転による斜め表示」ではありません（模型製品は、「傾斜＝ローカル回転」に相当します。）

「多層構造の路線」を作る場合は、「下層から順番」に「レイヤーを分けて制作」すると、スムーズに作業が進められます。

「下の層」の敷設が完了したら、「レイヤー」を「ロック」して、次の層に作業を進めてください。

2-18　複製

複製したい「部品」を１つだけ選択状態にして、右ボタンで「ポップアップ・メニュー」を表示。この中から「複製」を選択して、「複製」を実行します。

※キーボードの[CTRL]＋[D]でも「複製」を実行します。

■ 線路を簡単に増やす

選択した部品と同じ部品を、線路の接続可能な部分に「新規作成」します。

たとえば、「曲線線路」を選択して複数回、複製を実行します。

すると、簡単に「円形」が作成できます。

※接続先に複製できるのは、「単線線路」のみです。「複線線路」などの特殊な線路は、通常の複製動作となります。

図2-18-1　曲線線路を複製していく

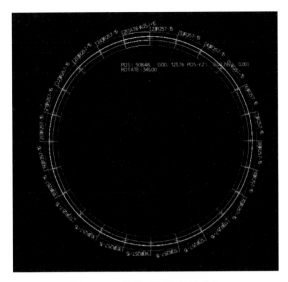

図2-18-2　簡単に「円形」が出来た

2-19　整列

　商店を道路に沿ってきれいに並べたい…というときは、「整列コマンド」を使います。

[手順]

[1]整列する部品を選択

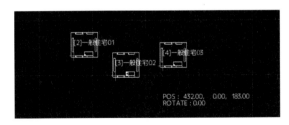

図2-19-1　部品を選択

[2]「建設ツール」の部品操作から整列をクリック

※水平は「x座標」、垂直は「z座標」に整列します。

図2-19-2　「部品操作」から整列を選ぶ

[3]部品が整列します。

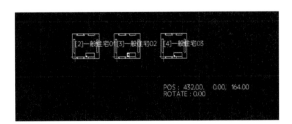

図2-19-3　整列

2-20　高架区間 R1

　「透明橋脚」または「通常の橋脚」を、「高架プレート」のジョイント部分に合わせて配置します。

　「高架プレート」に線路が載っている場合、「高架プレート」のジョイントに合わせて「橋脚」を設置してください。
　「線路」は「高架プレート」が支えるため、「線路」のジョイントに合わせる必要はありません。

　たとえば、「トミックスのポイント用プレート」には、「ポイント」だけでなく複数の線路が載りますが、このとき、「橋脚」は、「高架プレート」のジョイントにのみ設置するだけで、「線路」を支えることができます。

　「高架プレート」には、斜めにできないものがあります。
　「高架プレート」を選択したときに、オプションに「高さ」を入力する欄が2つあるときは、「高架プレート」の「両端の高さ」を、別々の数値に設定できます。入力欄が1つの場合は、「斜めにできない部品」です。

　「駅区間」は、「プラットホーム」を「水平」に設置する必要があるため、「水平」になるように「プレート」を設置してください。

　「線路」「プレート」「橋脚」が配置し終わった段階で、「プレート上の建造物＝プラットホーム」などを配置してください。

　「複線高架プレート」は、ジョイントが「4つ」になります。
　「奇数番ジョイント」と「偶数番ジョイント」の「2点間」で「傾斜」を設定できます。
　「プレート」が"ねじれる"ような傾斜は設定できません。

■ 高さの再計算

　すでに敷設している「線路」や「高架プレート」の「高さ」を再計算したい場合は、計算したい場所に配置している「橋脚」を、一つだけ選択してください。

　「橋脚」を選択した時点で、その上に載っている「線路」、「高架プレート」の「高さ」が再計算されます。

　設置中に「×」マークが表示されたり、線路を組み替えたりした場合、この方法で簡単に「高さ」を自動設定できます。

　再計算する際は、「編成部品」を線路上から一時的に移動してください。計算によって、線路などが「編成部品」の上に載ってしまう場合があります。

■ トミックス複線レール

　「トミックス複線レール」は、「高架区間の外観」をもっています。
　「複線高架橋脚」と組み合わせて、「高架区間」を「高架橋なし」に作成できます。

　「複線レール」は、通常のレールとそのまま接続できるように、「道床」（＝線路の土台）の厚みが通常のレールと同じ高さになっています。
　このため、「トミックスの高架区間」の標準形態である「高架橋＋通常レール」と、「複線レールの高架」では、「橋脚」から「線路」までの「高さ」に違いが生じます。

　「模型製品」では、「線路」の「ジョイント」で支えるため接続しても特に問題はありません。
　「複線PC橋脚」に、付属の「スペーサー」で必要に応じて高さを調整することができます。

VRMではほとんどの場合、「橋脚」を設置するときに、内蔵の「AI」によって、「線路」「高架橋」を適切な高さに設定します。

ただし、「複線レール」と「鉄橋」の組み合わせでは、「高さの判断」が適切にできません（鉄橋側が優先されるため）。

この場合は、「鉄橋」の前後に接続する「複線レール」のオプションで、「高さを固定する」ように設定してから、「鉄橋との接続部分」を「鉄橋の高さ」に合わせてください。

■ 高架プレート・スロープ

「高架区間」の「地上終端」には、「高架プレート・スロープ」を配置してください。

高架から地上へなめらかに変化します。

「トミックス規格」は、ステップが同様の機能をもっています。

■ 特殊レール

一部の特殊なレールは、構造上の制約から、水平部分での設置のみ利用可能です。

オプションの「高さ」を入力する欄が1つしかないときは、「水平」にしか配置できません。

2-21 高架区間R2

従来の「橋脚」や「高架橋」に代わる、新しい規格が「R2高架部品」です。

「Revision 2」の「橋脚」は、「単線」から「複々線」までの「コンクリート橋脚」としてデザインしています。

「単線」から「複線」までは、「5mm」から「110mm」の高さを選択できます。

「3線」から「複々線」は、「5mm」から「50mm」までの「高さ」を選択できます。

「Revision 2のラーメン橋脚」は、「単線」から「複々線」までの幅に対応した「橋脚」が部品化されています。

「高さ」は、「5mm」から「110mm」まで選択できます。

「ラーメン橋脚」は、全長方向で二種類のサイズを用意しています。

「Sサイズ」は、全長「64mm」。「Lサイズ」は、全長「128mm」です。

「Sサイズ」は、「曲線区間」などに使用します。

● 基本部品の幅表記

【34mm複線間隔】

・S044	単線	44mm
・W078	複線	78mm
・T112	三線	112mm
・Q146	複々線	146mm

【28mm複線間隔】

・W072	複線	72mm
・T100	三線	100mm
・Q128	複々線	128mm
・S184	6線	184mm

「Revision 2の高架橋」は、新しい規格で設計されています。

新しい「高架橋」の「厚さ」は「5mm」で、従来の「高架橋」とは「厚み」と「幅」が異なります。

「基本部品」は、「単線」から「複々線」までの「直線」、「曲線」、「幅変換用部品」で構成されています。

「高架駅」用の部品は、「対向式プラットホーム」「島式プラットホーム」の各種線路配置に対応した構造になっています。

● 駅高架橋の幅表記

W132	在来線対向式プラットホーム複線132mm
Q200	在来線対向式プラットホーム複々線200mm
W112	在来線島式プラットホーム複線112mm
Q214	在来線島式プラットホーム2＋複々線214mm
Q180	在来線島式プラットホーム＋複々線180mm
Q231	新幹線島式プラットホーム2＋複々線231mm

● 従来橋脚、高架橋との違い

「R2橋脚」は、「R2高架橋」に合わせてデザインしていて、「高架橋」の「厚み」が「5mm」になっています。

また、「高架橋」の「幅」を、「線路幅＋左右5mm」の通路でデザイン。

従来の「高架橋」とは大きさが異なります。

「単線」から「複々線」までのサイズに合わせて、部品を用意しています。

「幅変換部品」も、各種サイズを用意しています。

また、「R2高架橋」は、「新幹線用高架橋」と互換性があります。

■「高架区間」の設置

[手順]

[1]「部品パレット」から「線路」を「ドラッグ＆ドロップ」して、地上に「線路」を設置。

[2]「部品パレット」から「R2在来線高架橋」を「ドラッグ＆ドロップ」して、線路に合わせて、「R2高架橋」を設置。

「高架橋」は、「線路」と同じ長さの部品を配置。

[3]「R2高架橋」のジョイントに合わせて「R2橋脚」または「R2ラーメン橋脚」を設置。

（「橋脚」の内部にジョイントが含まれるように設置）。

[4]「橋脚」を1つだけ「選択状態」にして、マウスの「右ボタン・メニュー」から「橋脚」の「高さ」を選択。

[5]「橋脚」の「高さ」に合わせて、自動的に「高架橋」「線路」の「設置高度」が決定。

[6]「編成」を「高架橋」に配置して、「試運転」で外観を確認。

■「高架区間」と「鉄橋」の設置

[手順]

[1]すでに設置済みの「高架区間」の一部を、「鉄橋」に置き換え。「鉄橋」を設置する箇所の「線路」「高架橋」を選択して、「削除」。

[2]「鉄橋」を1つだけ選択して、「高さ固定チェック」をチェック。

「鉄橋」の「高度」が手動で設定できるようになる。

[3]オプションで「鉄橋」の「高さ」を、設置場所の「線路」と「同じ高さ」に設定。（作例は、線路=45mm）。

[4]「鉄橋」の「高さ」を設定したら、「高架区間」に移動して、設置。

[5]「試運転」で外観を確認。

■「高架区間」と「地上」の接続

[手順]

[1]「スロープ部品」を「高架橋」の代わりに設置。作例では、「10mm橋脚」を設置した「高架プレート」の次に、「スロープ」を設置。

「傾斜」は、「128mm」ごとに「5mm」高度が下

がる。

[2]「スロープ」と「高架プレート」の接続部分は、「10mm橋脚」の次になるため、「傾斜」分の「5mm」を引いた「5mmの高度＋高架プレート」の「厚み5mm」になる。

　「線路」は、「10mm」の高度になる。「スロープ」は、「10mm」から「0mm」まで下げる必要があるので、「128×2＝256mm」の長さが必要。

[3]「スロープ」を選択状態にして、オプションの「高さを固定」、「高さ」に「0mm」と「10mm」を入力。

[4]「スロープ」の前後の線路を一度ズラして、再配置。「線路」の「高さ」が自動配置される。

　「ラーメン橋脚」は、「高さ15mm」から始まる。

　「ラーメン橋脚」を設置する区間で、「10mm」以下は、「スロープ」を使うか、通常の「橋脚」を配置。

2-22 「高架」の作り方

「高架」の作り方を説明します。

■「線路」の配置

　「部品パレット」から「線路」をドロップして配置します。

■「高架プレート」の配置

　「高架区間」にしたい部分の「線路」に合わせて、同じ「長さ」や「半径」の「高架プレート」を「部品パレット」からドロップして配置。

■「橋脚」の配置

　「橋脚」を「線路」や「高架プレート」の接続部分に合わせて配置。

■「橋脚」の「高さ」を設定

　「橋脚」の「高さ」を設定。

■「試運転」で確認する

　正しく「高架区間」が出来ているか、「試運転」で確認。「高さ」が合っていない場合は、「橋脚」の「高さ設定」を変更。「線路」「高架」プレートを少しズラしてから、元に戻して、「高度」を再計算させるなどします。

■「構造物」を設置

　「架線柱」など「構造物」を追加します。「高架駅」の場合は、「線路」「高架プレート」が完成したあとに、「プラットホーム」を設置します。

※「線路」などによって、「単線橋脚」「複線橋脚」「ラーメン橋脚」「ビーム橋脚」を使い分けます。
　「橋脚」で「高さ」を決定しにくい（鉄橋など）場合は、「部品」の「高さ」を固定して、「ジオメトリ」で「高さ」を「数値」で設定します。

2-23 　　　　　　「編成」の作り方

「編成」の作り方を説明します。

■「編成」の配置

「編成」を配置したい「レール」を「選択状態」にして、右クリックで出る「ポップアップ・メニュー」から、「編成配置」を選択します。

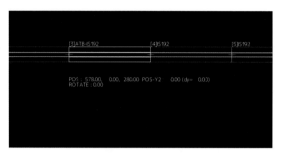

図2-23-1　「編成」を配置したい「レール」を「選択状態」にする

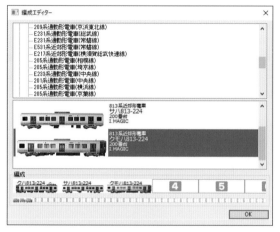

図2-23-2　ポップアップ・メニューから、「編成配置」を選択

■ 編成エディタ

「編成エディタ」は、3つの枠に分かれています。

*

「上段」は、システムに組み込まれている車輌系列です。

ここで「系列」を1つ選択すると、「中段」にその系列に所属する車輌形式がすべて表示されます。

「中段」の車輌形式から1つを「ドラッグ＆ドロップ」で「下段」の「編成」に移動すると、「編成」に「指定の車輌」が組み込まれます(1号車から順番に組み込んでください)。

逆に、「編成」から上枠に向かって「ドラッグ＆ドロップ」すれば、「編成」から「車輌」を外します。

「下段」には、編成の縮小表示があります。任意の場所をクリックすると、その場所を表示。

図2-23-3　編成エディタ

■ 1つの車両の向きを変える

「編成」の中で、向きを変えたい車両を「右クリック」します。

「反転マーク」が表示され、車両が「180度回転」して配置されます。

VRM5世代の車両パーツは、「180度回転状態」の画像が組み込まれていない場合があります。「反転マーク」の有無で識別してください。

2-24 「編成」の設定

「編成」の設定は、「プロパティ」で行ないます。
（※「プロパティ」の詳細は、ヘルプの「リファレンス」を参照してください）。

■ 編成

「編成」に組み込まれている「車両」の「設定」を行ないます。

＊

「車両」を選択して、各項目を設定します。「設定項目」は車両によって異なります。

「先頭車」の「ヘッド・ライト」、「テール・ライト」を点灯する場合は、「1号車」をクリックして、「ライト/煙」を開き、「ヘッド・ライト」「テール・ライト」をチェックします。

■ 基本設定

「編成」の基本的な設定を行ないます。

図2-24-1 「プロパティ」→「編成」

2-25 ポイント・レール

「線路」は、「ポイント・レール」で分岐します。

■ 分岐方向

「ポイント・レール」は、分岐方向で「L」または「R」があります。

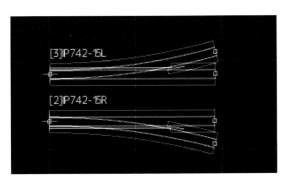

図2-25-1 「ポイント・レール」は「線路」が分岐する

■ 初期設定

「分岐」の初期設定は、「プロパティ」で指定します。「直進」また「指定の分岐を設定します。

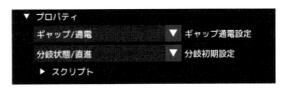

図2-25-2 「ポイント」の初期設定

■ 分岐幅

「ポイント・レール」と組みになる「カーブ・レール」を組み合わせます。

「分岐」した「線路」の「複線幅は、カーブ部分の幾何学的な条件から、多少「端数」になります。（カッコ内の数値が、実際の複線幅）。

【アイマジック規格R1線路】

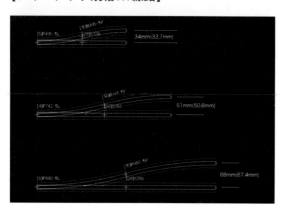

図2-25-3　アイマジック規格R1線路

【アイマジック規格R2線路】

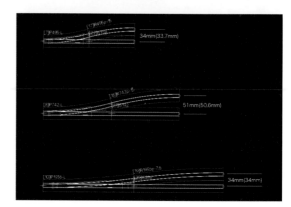

図2-25-4　アイマジック規格R2線路

【トミックス規格線路】

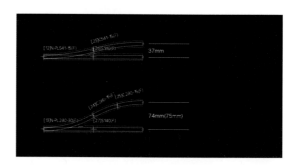

図2-25-5　トミックス規格線路

2-26　バリアブル・レール

「バリアブル・レール」は、「長さ」を自由に変えることができる「線路」。

「長さ」は、「プロパティ」で設定します。

ちなみに、「模型製品」の「バリアブル・レール」は、「スライド構造」になっています。

■ トミックス規格

「VRM」に組み込まれている部品は、「70mm」から「210mm」まで可変が可能。

実際の模型製品は、「70mm」から「90mm」の間で可変。模型製品のレイアウトを作る場合は、最大「90mm」で使用してください。

■ アイマジック規格

「64mm」から「192mm」まで可変可能です。

■ 「バリアブル・レール」の「長さ」を自動決定

接続する相手の「線路」が延長線上に存在するときは、「バリアブル・レール」の「自動計算機能」が使えます。

「バリアブル・レール」を「選択状態」にして、プロパティの「可変レールの自動調整」を実行し

ます。

※計算上の微妙な誤差が原因で、自動的に「長さ」を決定できない場合があります。このような場合は、「プロパティ」に直接「長さ」を設定してください。

図2-26-1 「バリアブル・レール」の「長さ」を自動決定

2-27 ターンテーブル

「蒸気機関車」の「向きを変える」施設です。

■ NX7ターンテーブル

「国鉄ターンテーブル」を再現した「部品」です。

「ターンテーブル本体」と「外周のブロック」から構成されています。

*

詳しくは、「2-13 7mmレール-ターンテーブル」の節を参照してください。

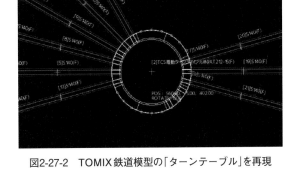

図2-27-2 TOMIX鉄道模型の「ターンテーブル」を再現

図2-27-1 「国鉄ターンテーブル」を再現

図2-27-3 「ターンテーブル」の「プロパティ」

■ TOMIXターンテーブル

模型製品の「ターンテーブル」は、「ターンテーブル本体」と「外周の線路を設定するブロック部分」から構成されています。

「ブロック部分」は、「線路」「フラット」「車止め」があり、「プロパティ」で設定します。

※VRMでは、見た目を変更します。「走行経路」は、「ブロック」の種類に関わらず「仮想的」に存在します。

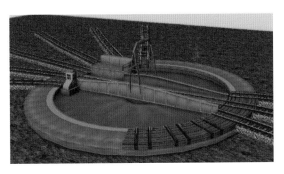

図2-27-4 「試運転」で外観を確認

■「ビュワー」の操作

「ビュワーツール・ウィンドウ」を表示して、「ターンテーブル」の[-][+]ボタンをクリック。そうすると、指定方向に回転します。

図2-27-5　「ビュワー」で「ターンテーブル」を操作

2-28 フレキシブル部品

「フレキシブル部品」は、"自由に曲げ"られる「線路」「道路」「高架プレート」です。

■ フレキシブル

「鉄道模型」には、通常の「長さ」や「カーブ半径」などが規格化された線路のほかに、"自由に折り曲げ"ができる「フレキシブル・レール」があります。

「フレキシブル・レール」は、線路の下の「枕木」部分が自由に曲げられるため、なめらかに変化するカーブを作ることができます。

＊

「フレキシブル部品」は、「ベジエ曲線」と呼ばれる「幾何学形状」に分類されます。

「ベジエ曲線」は、両端の「接線ハンドル」を動かすことで、自由に曲げることができます。

＊

図2-28-1の(a)、(b)を操作します。

(a)「接線ハンドル」の取り付け部分
(b)「接線ハンドル」の「方向」と「長さ」を操作するツマミ

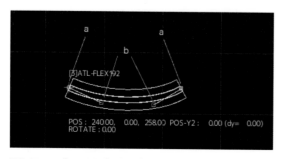

図2-28-1　「フレキシブル部品」は「ベジェ曲線」で自由に曲げる

「フレキシブル部品」は、「基本長」に対して一定の範囲の長さで設定可能。配置する区間に合わせて「部品」を選択してください。

【基本長と可変範囲の例】

基本長128mm	64mmから192mm
基本長256mm	128mmから384mm
基本長384mm	256mmから512mm

■ すでにある線路に接続するには

「フレキシブル部品」のみを選択した状態で、「プロパティ」から「ハンドル自動設定」をクリックします。

近くにまだ接続していない他の「線路」があれば、自動的に接続します。

このときに、「ハンドル」の「位置」と「方向」が適切な状態に設定されます。

「ハンドル」を操作して、「曲線」のおおよその形状を決めてから、「ハンドル自動設定」を実行すると適切です。

※接続済み「ジョイント」は、「ハンドル自動設定」の対象外になります。一度接続を解除してください)。

「複線部品」(「ジョイント」が3個以上ある部品)の場合は、「ハンドル自動設定」が適切に動作しない場合があるので、そのときは、手動で「ハンドル」を調整してください。

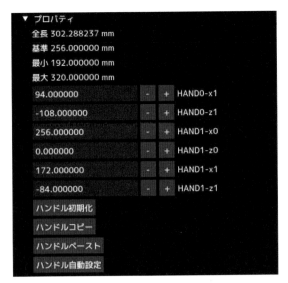

図2-28-2 「プロパティ」→「ハンドル自動設定」

■ ハンドルの「コピー」

「接線ハンドル」を他の「部品」に反映することができます。

「接線ハンドル」の状態を移したい、元の「フレキシブル部品」を選択して、「プロパティ」から「ハンドルコピー」を実行してください。

「反映したい部品」を選択してから、「プロパティ」の「ハンドル・ペースト」を実行すると、「ハンドルが」反映されます。

■ ハンドルを「初期状態に戻す」

「プロパティ」から「ハンドル初期化」を実行してください。「直線状態」に戻ります。

■ ハンドルの「方向を固定」したまま「変形」

「ハンドル」を操作するときに、[SHIFT]キーを押しながらドラッグしてください。

ハンドルの「方向を固定」したまま、「形状を変形」できます。

「自動ハンドル」や他の線路に接続した後で、「カーブ形状」を変更する場合に便利です。

■ カント付き「フレキシブル・レール」

「曲線」で車体を内側に傾斜させる、「カント」が設定されている「フレキシブル・レール」です。

「外側のレール」が「内側より高い位置」に設定されています。

＊

カント付きの「フレキシブル・レール」は、いくつか注意点があります。

「高い側のレール」が、曲線の外側になるように折り曲げて使用します。逆向き、直線では使用できません。

S字カーブも設定できません。必ず、単純なカーブになるように設定して下さい。

■「フレキシブル・レール」と振り子について

「フレキシブル・レール」は、任意の「曲線」を簡単に作ることができますが、「振り子車輌」が通過する場合は、注意が必要です。

「振り子車輌」は、カーブの局所的な曲線形状を走行中に検出して、「振り子」が動作します。

「フレキシブル・レール」が、わずかでも「S字変形」になっている場合、「振り子」に極端な挙動が発生します。

シンプルな曲線になるよう、ハンドルを調整してください。

2-29　プラットホーム

　乗客が乗り降りするための施設を、「プラット
ホーム」と呼びます。

　「プラットホーム」は、設置方式により、「島式」
と「対向式」の2種類があります。

　「プラットホーム」には、「接続ジョイント」が
設定されています。

　「ジョイント」に合わせて設置してください。

■ 設置手順

[手順]

[1]「プラットホーム」の設置予定箇所に、「線路」
を敷設。

　「高架区間」の場合は、この段階で「高架」を完
成させておく。

[2]「プラットホーム」を配置。

[3]「プラットホーム」上に、「付属品」や「人形」を
配置。

図2-29-2　島式プラットホーム

【島式プラットホーム】

トミックス	島式プラットホーム複線間隔	55.5mm
アイマジック	島式プラットホーム複線間隔	68mm
アイマジック	新幹線島式プラットホーム複線間隔	76.5mm

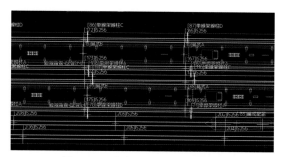

図2-29-1　「プラットホーム」を配置

■ 島式プラットホーム

　1つのホームの「両側」に「線路」が配置される
タイプのホーム。

　次のような、「複線間隔」のレールを設置しま
す。

　上下複線の中央に配置するほか、快速、特急な
どの追い越し駅に使用します。

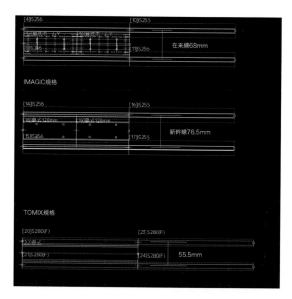

図2-29-3　「アイマジック規格」と「トミックス規格」の島式プラットホーム

■ 対向式プラットホーム

上下線のホームが、向かい合わせになっているタイプです。

「線路」を基準となる「複線間隔」で敷設した場所の両側に配置します。

■ プラットホームの付属品

キオスク、ベンチ、水飲み場などの部品を任意の場所に配置してください。

■ プラットホームの夜間照明

「屋根付きのプラットホーム」には、「照明」が組み込まれています。

「夜間」になると点灯します。

「256mmプラットホーム」で、2個程度の照明が組み込まれています。

図2-29-4　「屋根付きプラットホーム」は「照明」が点灯

2-30　橋上駅舎

「橋上駅舎」は、線路の上空に設置される駅です。

「駅舎本体」「地上との接続階段」から構成されます。

図2-30-1　橋上駅舎

■ 設置

[手順]

[1]「島式プラットホーム」または「対向式プラットホーム」を設置。

[2]「プラットホーム」上に「駅舎」の「階段」が重なるように「駅舎」を設置。

※「模型製品」では、「プラットホームの屋根の穴」と「駅舎の階段」を、位置合わせする必要があります。

[手順]

[1]「プラットホーム」が複数並ぶ場合は、「駅舎」も複数設置。

[2]「駅舎」と「地上」を結ぶ「階段」を、「駅舎」の両脇に設置。

2-31　高架駅

「高架駅」は、「高架下」に設置される駅です。

図2-31-1　高架駅

■ 設置

「島式プラットホーム」または「対向式プラットホーム」の「高架区間」が設置できている状態にします。

※「プラットホーム」の種類、複線の本数に合わせて「高架プレート」を設置。
　「高架区間R2高架プレート」の種類ついては、「2-21　高架区間R2」を参照してください。

[手順]

[1] 「駅舎」を設置する予定箇所の「線路」、「高架プレート」を「選択状態」にして、「建設ツール」から「高度固定設定」を実行します。

図2-31-2　建設ツール

[2] 「駅舎設置箇所」の「橋脚」を取り除きます。

[3] 「高架駅」を設置します。

■ 注意点

「TOMIX高架橋S140-37」は、「対向式ホーム（近代型）」と組み合わせて使います。

「TOMIX高架橋S140-55.5」は、「島式ホーム」と組み合わせて使います。

また、「<3026>レール側壁」は、「S140-55.5」の側面に使います。

「高架駅区間」には、「55mm橋脚」を使います。

＊

「VRM」は、「ジョイント」（部品の接続箇所）に合わせて「橋脚」を配置するという制約があります。

実際の「模型製品」とは、「橋脚」を設置できる箇所に違いがあります。

「模型製品」と同様に配置する場合は、「ジョイント」部分に「透明橋脚」を配置してから通常の「橋脚」を、「模型製品」の使い方に合わせて配置してください。

2-32 架線

列車に電力を供給する電線、「架線」について説明します。

■ 架線柱

● PC架線柱

一般的な「架線柱」です。

コンクリート製の「支柱」に、トラス構造の「ビーム」などで、「架線」を支えます。

図2-32-1　PC架線柱

●鋼管架線柱

近年、設置が進む鋼管で構成された「架線柱」です。

図2-32-2　鋼管架線柱

●鉄骨架線柱

鉄骨で構成された「架線柱」です。

図2-32-3　鉄骨架線柱

●実物の「架線」

実物の鉄道では、「トロリー線」は、「パンタグラフ」と接触する「給電用」の電線です。

「吊架線」は、「トロリー線」を支持する電線です。

「饋電線」は、直流用では変電所からの区間ごとの「給電線」です。「高速遮断器」に接続されています。

図2-32-4　実物の架線

■「架線」の敷設

「架線ツール」に切り替えて、「架線」を敷設します。

●架線ツール

「ツール・ボックス」で「架線」を選択します。

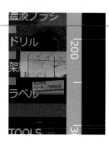

図2-32-5　架線ツール

●架線柱の配置

「架線柱」を配置します。

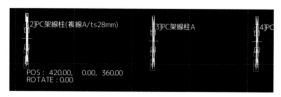

図2-32-6　架線柱の配置

●架線の選択

「架線ツール」→「カテナリー敷設」で、「架線タイプ」を選択します。

「架線タイプ」は、大きく分けて「トロリー」と「電線」の2種類があります。

ここでは、[トロリー]シンプルカテナリーを選択します。

※「トロリー」は「水色」のジョイントに、「電線」は「紫色」のジョイントに設置可能です。「架線タイプ」は、敷設後も変更できます。

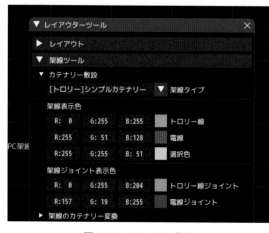

図2-32-7　カテナリー敷設

●ドラッグ開始

「始点」の「架線ジョイント」からドラッグします。

「トロリー」の場合は、「水色」の「架線ジョイント」の間で設置可能です。

接続可能な「架線ジョイント」にドラッグすると、「反応枠」が表示されます。

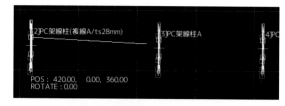

図2-32-8　架線ジョイントからドラッグ

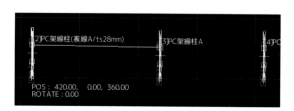

図2-32-9　反応枠が表示される

●ドラッグ終了

「終点」になる「架線ジョイント」で、マウス・ボタンから指を離してください。「架線」が敷設されます。

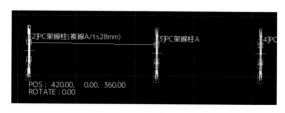

図2-32-10　架線が敷設された

■ 試運転で確認

敷設した「架線」は、「試運転」で確認できます。架線敷設後、「試運転」ボタンを押してください。

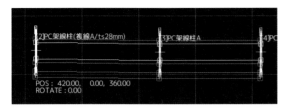

図2-32-11　敷設した架線

図2-32-12　「試運転」で確認

　「試運転」のときは、「架線」をテスト表示できます。

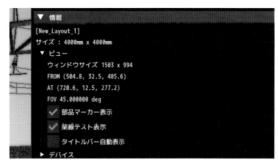

図2-32-13　架線をテスト表示

　「GUI」で「架線テスト表示」をチェックすると、オレンジ色の「架線」が表示されます。

図2-32-14　架線テスト表示

2-33　NX架線柱

　「NX架線柱」は、「7mmレール」に合わせてリリースした新しい「架線柱システム」です。

　「Nゲージ・レール」、「7mmレール」と組み合わせて使います。

■ 架線柱

●複線

　「28mm複線」と「34mm複線」、それぞれの「架線柱」を用意しています。

　「複線」から「6線」まで、線路数にあわせてください。

　直線用は、支柱が複線間隔に収まるように設計されています。複々線のうち複線だけに設置するなど、通常の架線柱が線路にかぶさる部分に使用します。

●架線ジョイント

　架線ジョイントは、2種類あります。吊架線、トロリー線用のジョイントと、饋電線用のジョイントです。架線ツールのカテナリーの種類で使い分けます。

●PC架線柱

　一般的な架線柱です。コンクリート製の支柱にトラス構造のビームなどで架線を支えます。

図2-33-1　PC架線柱

●鋼管架線柱

　近年、設置がすすむ鋼管で構成された架線柱です。

図2-33-2　鋼管架線柱

●鉄骨架線柱

　鉄骨で構成された「架線柱」です。

図2-33-3　鉄骨架線柱

●テンションバランサー

　「テンションバランサー」は、「重りタイプ」と「シリンダータイプ」の2種類があります。

　また、「カテナリー」の種類によって2種類あります。

　「テンションバランサー」は、「架線柱」に付属する位置に設置してください。

　設置後、本線の「架線ジョイント」から「トロリー線」を「架線ツール」でひいてください。

図2-33-4　テンションバランサー

2-34　NXトンネル

「NXトンネル」は、「7mmレール」に合わせて
リリースした新しいトンネルです。

既存の「アイマジック規格Nゲージ・レール」、
新しい「7mmレール」と組み合わせて使います。

※「VRM5」以前の旧「トンネル部品」とは「トンネル形
状」が異なります。接続できません。

■ 規　格

●形状

トンネル部品には、「単線」「複線」「3線」用があ
ります。

「3線用」は、「28mm複線」と「34mm複線」の2
種類があります。

「複線」は、「28mm複線」「34mm複線」兼用で
す。

●ポータル

トンネルの出入り口です。

「ポータル＋トンネル＋ポータル」を組み合わ
せて、「トンネル区間」を構成します。

「ポータル」は、「コンクリート・タイプ」と「レ
ンガ・タイプ」の2種類があります。

「ポータル」には、「向き」があります。トンネル
内が明るい方が「入口側」です。

【単線コンクリート・ポータル】

図2-34-1　トンネル・ポータル

【単線レンガ・ポータル】

図2-34-2　単線レンガ・ポータル

【複線コンクリート・ポータル】

「28mm複線間隔」、「34mm複線間隔」兼用です。

図2-34-3　複線コンクリート・ポータル

【3線(28mm複線間隔)コンクリート・ポータル】

図2-34-4　3線(28mm複線間隔)コンクリート・ポータル

【3線(34mm複線間隔)コンクリート・ポータル】

図2-34-5　3線(34mm複線間隔)コンクリート・ポータル

●トンネル

「トンネル本体」で、「地中」に設置します。

図2-34-6　トンネル本体

●側壁

「ポータル周辺」に配置します。

■ 設置

●山に向けて線路設置

山に向かって「線路」を設置します。

図2-34-7　線路を設置

「山岳地帯」に設置する最初の線路は、地形の影響を受けないよう、「高度数値入力」にチェックを入れます。「y座標」は、「y」「y2」ともに「0」。

図2-34-8　「高度数値入力」をチェック

「線路」を「選択状態」にして、「複製」で「線路」を延ばしていきます。

複製した「線路」も「高度固定」になっています。

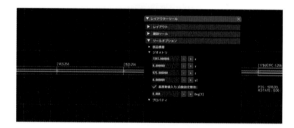

図2-34-9　「複製」で線路を延ばす

図2-34-10　「試運転」で確認

●ポータル設置

山に線路が突入する箇所に、「ポータル」を設置します。

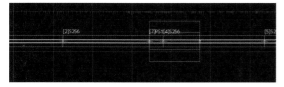

図2-34-11　ポータルの設置

「ポータル」の外側線路の地形を、平面ブラシで「高度0mm」にします。

「ブラシ形状」は、「ブラシ半径10mm」に設定。
「平面ブラシ」の「平面高度」を「0mm」にして、オレンジ色で囲まれている箇所の「高度」を「0mm」にします。

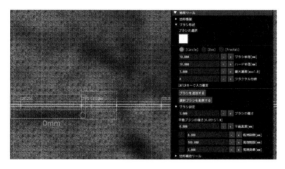

図2-34-12　オレンジ色で囲まれている「高度」を「0mm」

「地形」に穴をあける箇所が、「ポータル」の内側に収まるように、「平面ブラシ」でオレンジ色に囲まれた部分を「高度60mm」にします。

＊

「ブラシ」で設定する「高度」は、「ポータル部品」によって異なります。

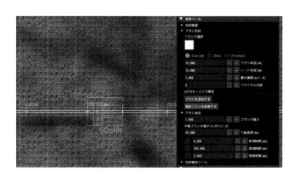

図2-34-13　オレンジ色に囲まれた部分を「高度60mm」

【NXトンネル・ポータル】

単線ポータル(コンクリート)	60mm
単線ポータル(レンガ)	55mm
複線ポータル	60mm
3線ポータル 28mm	65mm
3線ポータル 34mm	70mm

トンネルの「ポータル」の周辺の地形が整ってきます。

図2-34-14　「ポータル」周辺

●ドリル

「トンネル」の入口を塞いでいる「地形ポリゴン」を除去します。

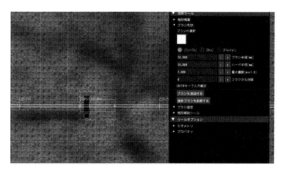

図2-34-15　トンネル入り口の「地形ポリゴン」を除去

「ドリル・ブラシ」で、「ポリゴン」に穴を開けます。

図2-34-16　ポリゴンに穴を開ける

●側壁

「建設ツール」を選択して、「トンネル入り口」に「側壁」を設置します。

「側壁」は、「地形」の影響を受けないよう、「高度数値入力」にチェックを入れます。

「y座標」は、「y」「y2」ともに「0」。

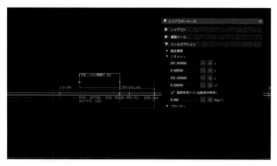

図2-34-17　トンネル入り口」に「側壁」を設置

図2-34-18　「試運転」で確認

●トンネル

「トンネル部品」を設置。

「地形」の影響を受けないよう、「高度数値入力」にチェックを入れます。

「y座標」は、「y」「y2」ともに「0」です。

図2-34-19　トンネル部品を設置

図2-34-20　「試運転」で確認

2-35 「試運転」と「運転」

「鉄道模型シミュレーターNX」(VRM-NX)には、レイアウトを作成する「レイアウター・モード」と、3D表示でテストや運転ができる「ビュワー・モード」があります。

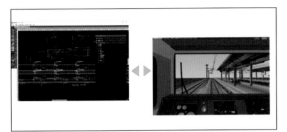

図2-35-1 「レイアウター」と「ビュワー」

■「試運転」で確認

「ツール・ボックス」の「試運転」ボタンを押してください。

「ビュワー」を「試運転」モードで起動します。

図2-35-2 試運転モード

「試運転」モードは、レイアウトの「テスト」、「確認」ができます。

起動すると、レイアウトを「3D表示」にします。

マウスで、視点を自由に「移動」、「回転」できます。

レイアウト製作中は、「試運転」モードに切り替え、出来上がりを確認しながら進めます。

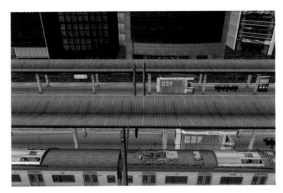

図2-35-3 「試運転」モードで「テスト」や「確認」ができる

「試運転」モードでは、「自動センサ」「モーション・パス」などのガイドラインを表示。

「センサ」の位置、「モーション・パス」の形状を、簡単に把握できます。

■「運転」で遊ぶ

「ツール・ボックス」の「運転」ボタンを押してください。

「ビュワー」を「運転」モードで起動します。

図2-35-4 「運転」ボタン

「運転」モードは、デフォルトで「列車」の「運転台視点」で開始します。

「列車」を運転して、完成したレイアウトをお楽しみください。

図2-35-5　「ビュワー」は「運転台視点」ではじまる

■「ビュワー」の終了

「タイトル・バー」右上の「赤い」ボタンを押してください。

または、[ESC]キーを押します。

「ビュワー」を終了して、「レイアウター」に戻ります。

図2-35-6　「ビュワー」を終了する

2-36　ビュワーの操作

「ビュワー」の使い方を説明します。

■ 列車の操作

「ビュワー」では、1つの列車を運転できます。

●速度

「カーソル」(↑↓)キーで、「速度」を調整します。

「鉄道模型」と同じ「電圧」の変更で、「速度」をアップダウンします。

●警笛

「スペース」キーで「警笛」を鳴らします。

※「警笛」が組み込まれている車両(機関車、電車の先頭車など)のみで鳴ります。中間車には「警笛」はありません。

●「視点」の切り替え

「運転」モードのとき、「カーソル」(←→)キーで視点を切り替えます。

「運転台視点」「列車の俯瞰」など、いろいろな視点で運転を楽しめます。

■「列車」の選択

「ビュワーツール・ウィンドウ」の「列車リスト」で、「運転する列車」を切り替えます。

「選択できる編成」に表示されている、「ACT」ボタンを押してください。

図2-36-1　「ACT」ボタン

■「列車」の情報

現在運転している列車の「名前」「速度」は、「タイトル・バー」に表示されます。

図2-36-2　列車の情報は「タイトル・バー」に表示

■ 列車の詳細な操作

「ビュワーツール・ウィンドウ」の「アクティブ編成」操作では、「運転中の列車」の操作ができます。

「ライトの点灯」「パンタグラフの昇降」「編成分割」などができます。

図2-36-3　編成の分割もできる

図2-36-5　列車カメラ

■ カメラは2モード

「鉄道模型シミュレーターNX」（VRM-NX）は、「運転シーン」に合わせて大きく2つの「カメラ・モード」があります。それぞれのカメラは、「操作」や「制約」が異なります。

【システム・カメラ(グローバルカメラ)】

「レイアウト空間」を自由に移動できるカメラです。

「テン・キー」「マウス」で「移動」、「回転」します。

「PageUp/Down」で「カメラ」の「高度」を変更します。

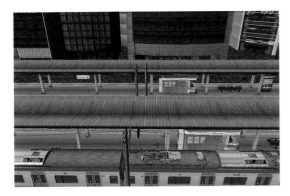

図2-36-4　システム・カメラ

■ 列車カメラ

運転中の「列車」が基準になる「カメラ」。

「列車」と「同期」するため、「視点の移動」には制約があります。

「視点」は、「車内」と「車外」があり、それぞれ「視点の移動」、「回転操作」が異なります。

「運転台」など「車内基準」のときは、「キーボード」「マウス」「タッチ・パネル」で、視点を中心に回転します。

「視線」は、「列車に同期」します。

※キーボードの[4][6]キーは視点の左右回転。
　[2][8]キーは、現在の視線方向に前進または後進です。

図2-36-6　列車カメラ

外部視点のカメラは、[2][4][6][8]キーで、空間を「水平方向」や「前後左右」に移動できます。

また、マウスで「回転」できます。「視線」は「列車」に同期しません。

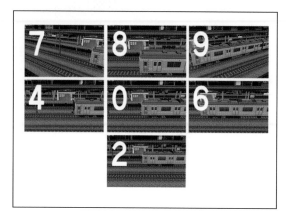

図2-36-7　外部視点カメラ

2-37　画面撮影

　画面写真は、Windows の標準機能を使って撮影します。

■ 一枚の画面写真

　[PrintScreen]キーを押してください。

　[ALT]キーを合わせて押した場合は、「アクティブ・ウインドウ」が対象になります。

　「画面写真」は「クリップ・ボード」に転送されるので、「ペイント」など画像編集アプリに「貼り付け」してください。

[手順]

[1]撮影したい場面で[ALT]＋[PrintScreen]

[2]スタート・メニューから「ペイント」を起動

[3]ペイントで「貼り付け」を行なう

[4]画像を保存する

■ ムービー

　ムービーの撮影は、Windows10の「Xbox Game Bar」を利用。

　[Windows]＋[G]で起動します。

　使い方は「ヘルプ」を参照してください。

第3章

「NXシステム」の技術

本章では、「鉄道模型シミュレーター NX」（VRM-NX）に使われている技術（NXシステム）などを紹介します。

スーパーエクスプレス・レインボー塗装　EF65 1118

3-1 NXシステム

図3-1-1 「NXシステム」が採用された、「鉄道模型シミュレーター NX」(VRM-NX)

「鉄道模型シミュレーター」の最新バージョン、「NXシステム」は、現代のゲーム技術で「鉄道模型シミュレーター」のすべてを再構築したシステムです。

*

システムは完全に「64ビット」化され、「空間座標」は「32ビット」から「64ビット」に拡張。

使用可能な「メモリ空間」も、物理的に実装可能なメモリをOSの上限まで使用可能になり、精度を維持したまま、広い仮想空間でレイアウトを作成できます。

「レンダリング・エンジン」は、現行のゲーム技術をベースに、少し未来の技術を組み込んだアイマジック社の自社エンジンです。

「鉄道シーン」の「レンダリング」に最適化しています。

■システム構成

「NXシステム」は、単体のアプリケーションに、主要な機能を実装しています。

線路を引いたり、建物を配置するレイアウト設計ツール「**レイアウター**」と、作成したレイアウトで列車を運転する「**ビュワー**」があります。

レイアウターで「レイアウト制作」、ボタン一つで**ビュワー**に切り替えて「列車を運転」。この2つのツールを行き来して、遊びます。

■ 車両モデル

「**NXシステム**」は、膨大な車両をモデル化しています。

「保線用の作業車両」から「新幹線」まで、多彩な「車両型式」を用意しています。

「車両」は、同一形式ながら「製造時期による

相違点」、「配置地域特有の特殊装備」など、模型製品レベルでは製造上の都合で省略するディティールを再現しているものもあります。

また、鉄道技術の歴史的転換点となる車両など、知名度とは異なる観点の車両型式も用意しています。

*

知れば知るほど深い、多彩な視点でコレクションを充実していくことができます。

■ レール

「鉄道模型シミュレーター」は、「Nゲージ」のシミュレーターです。

「新幹線」は「1/160」スケール、「在来線」は「1/150」スケールの、国内の「Nゲージ・メーカー」が採用しているスケールです。

「トミックス規格」の部品セットを導入すると、「NXシステム」で「トミックス」の「Fine Track」を使ったレイアウトを設計できます。

また、新開発の「7mmレール」を使えば、「Nゲージ」が長年抱えてきた在来線の「ガニ股問題」を解決できます。

「1/150」スケールの在来線車両に対して、「Nゲージ」のレールでは幅広すぎますが、「7mmレール」によって正しい線路幅になり、在来線車両と線路がともに「ファインスケール」になります。

■ ポイント、ターンテーブル

「ポイント」も「ターンテーブル」も、ともに動作します。

「鉄道模型シミュレーター」は、実際の模型のように2本のレールに電気が流れているわけではないため、「ポイント」が原因の「極性問題」（「＋」「－」が反転してショートする）は発生しません。

電気的な制限なく、「ポイント」を設置できます。

■ センサ

「線路」には、任意の地点に列車の通過を検出する「センサ」を設置できます。

「センサ」は、列車の通過を検出すると、センサに設定されているコマンドを実行します。

これにより、「NXシステム」では、プログラムを記述することなく、「センサ」の設定だけである程度の自動制御を実現できます。

「ライト」や「パンタグラフ」の操作、列車の「分割」、踏切の「開閉」、「閉塞区間」による「列車の制御」などができます。

■ スクリプト

「NXシステム」に内蔵された「Python」（パイソン）によって、さらに複雑な制御が可能です。

「Python」は、比較的簡単に習得できる言語です。列車などの部品に「Python」によるスクリプトを記述して、複雑な動作を実現できます。

■ レンダリング

「ビュワー」は、現行のゲーム技術をベースに、新開発の技術を多数組み込んだアイマジック・オリジナルの「ゲーム・エンジン」を搭載しています。

「鉄道模型シミュレーター」は、多種多様な「レール」、「ストラクチャー」を自由に並べることができるという仕組み上、既存のゲーム・エンジンでは対処が難しいため、専用のゲーム・エンジンが必要になります。

さらに、現行GPUの機能を生かした設計により、新技術の搭載が可能になりました。

さまざまな新しい高精度な演算を、リアルタイムで実現しています。

図3-1-2　VRM-NXには、さまざまなコンピュータ技術が盛り込まれている

3-2　ディファード・レンダリング

　旧世代の「鉄道模型シミュレーター5」は、古典的な「レンダリング・パイプライン」で、「ポリゴン」から画像を「レンダリング」していました。

　当時のハードウェアでは、出力先のサーフェースにポリゴンを逐次書き込むのが一般的でした。
　ポリゴンは出力先にそのままレンダリングします。

　「ディファード・レンダリング」(遅延レンダリング)は、これに変わる現代のゲームの基本技術です。

＊

　「ポリゴン」は、物体表面の「カラー」「陰影」「表面法線」など、複数の情報をレンダリングします。
　単純に画面を出力するのではなく、いくつもの「属性情報」を合わせて出力し、さまざまな加工を加えてから、最終的な画像を合成します。

　古典的なレンダリングが即時画面用の画像を生成するのに対して、「ディファード・レンダリング」は、画面用の画像の生成は工程の最後になります。

　古典的な「レンダリング」では、複雑な「ドロー制御」が必要になる特殊効果が、シンプルな画像加工に置き換えられるなど、利点が多くあります。

　「ディファード・レンダリング」も登場してから長くたち、ハードウェアの進化に合わせてその内容も大きく変わっています。
　登場当時のアルゴリズムは、当時の制限があるGPUでメモリを節約したり、粗い演算精度でも計算できるよう考えられています。

「NXシステム」は、現行GPUの機能を生かした高い「演算精度」と、「ビット数」の「大きなバッファ」で、将来に向けて発展性のあるレンダリング技術を搭載しています。

■ ライティング

「ディファード・レンダリング」の大きな利点は、「照明計算」を後から追加できることにあります。

古典的な「レンダリング」では、物体表面の明るさは、ポリゴンの頂点計算時に、複数の光源から影響を計算して決定します。

この計算は、通常の手法では1回だけになります。

1つの頂点に対して影響を与えることができる光源の個数は、「レンダリング・エンジン」の規定した固定個数が上限になります。

煩雑な光源管理、余分な計算が多数発生するため、大量の照明があるようなシーンは非常に困難です。
このため、「鉄道模型シミュレーター5」では、夜間専用の「レンダリング・エンジン」を搭載していました。

「鉄道模型シミュレーター NX」は、「ディファード・レンダリング」の利点を生かした「スクリーン・スペース」の「光源計算」を行なっています。

多数の光源を高精度バッファで計算することで、メモリは消費しますが、シンプルなシェーダーで結果を得ることができます(実装は完全ではなく、発展の余地があります)。

図3-2-1　夜間は照明が点灯

■ SSAO

「SSAO」とは、「Screen-Space Ambient Occlusion」(スクリーンスペース・アンビエント・オクルージョン)のことです。

「ポリゴン」表面にあたる「環境光」が作り出す「影」をポリゴンの計算ではなく、レンダリング結果である「スクリーン・スペース」で計算します。

厳密な「AO」は、「ポリゴン表面」から「レイ」を飛ばして、どの程度遮蔽物に遮られるかで決定します。

計算する「レイ」の本数を多数周囲に飛ばすほど、適切な結果が得られます。
この計算は、想像どおり、重すぎます。

現実的な時間で処理するための手法が、「SSAO」です。
基本的な「SSAO」のテクニックは、対象となる「ピクセル」の周囲に注目します。

周囲に「サンプリング点」を設定、この「サンプリング点」が、「カメラ位置」から見て、その位置にある「ピクセル深度」の前後を判断します。

「深度」よりサンプリングが遠いということは、見えていないと判断。多数のサンプリング点を

調べれば、そのピクセルの周囲が覆いかぶさっているか判断できます。

サンプリングの調べ方はいろいろありますが、基本的な「SSAO」は、この手順になります。

サンプリング数が充分でないと「アーティファクト」が発生するため、「レンダリング」では比較的重い処理になります。

「NXシステム」では、現代のハードウェアのもつパワーを生かして、「SSAO」の計算の元になる「バッファ」に「法線バッファ」を用意、「サンプリング点」の法線から確率的な「遮蔽率」を計算しています。

演算精度の高い計算を高速に処理できる現行世代のハードウェアが必要になりますが、わずかなサンプリング数で「SSAO」の結果を得ることができます。

図3-2-2 生成された「SSAO」と、ポリゴンの陰影に「SSAO」を合成

3-3 SSSM

「SSSM」とは、「Screen-Space Shadow Map」（スクリーンスペース・シャドウマップ）のことです。

*

「シャドウマップ」は、物体によって発生する影を描く手法で、「シャドウマップ」そのものは、古典的な手法になります。

「シャドウマップ」では、ソフトなエッジをもつ影の描画に、いくつかのアルゴリズムが使用されてきました。代表的な手法としては、「VSM」があります。

*

「NXシステム」では、レンダリング結果のピクセル情報に高精度な座標情報をもたせています。
この座標情報をもとに、影の遮蔽から距離を計算しています。

影を作り出す物体から離れるほど、周囲からの光の影響を受けて影はソフト化します。

「遮蔽」からの距離は、ソフト化の重要な要素になります。結果、きれいな「ソフトシャドウ」が得られます。

図3-3-1 車体につく自然な影を作り出す

3-4 Nゲージのスケール事情

「鉄道模型シミュレーター」は、鉄道模型の「N
ゲージ」をモデルにしています。

「Nゲージ」は、レール間の幅が「9mm」に設定
されている鉄道模型です。「9＝Nine」で、「Nゲー
ジ」です。

＊

「Nゲージ」は、レール間が「9mm」になってい
ます。実際の鉄道は、レール間にさまざまな規格
があります。

世界的には、「1435mm」が普及していて、「標
準軌」と呼ばれ、「新幹線」も「1435mm」を採用し
ています。

＊

国鉄の「在来線」は、「1067mm」を採用して
いました。ヨーロッパの「Nゲージ」の多くは、
「1/160」スケールで9mmに近くなるようにして
います。

日本の在来線の「1067mm」を「9mm」に合わせ
るには、「1/120」スケールがゲージとしては適切
です。

実際には、輸入品（舶来品）の外国型「1/160」
スケールに並べても違和感のないスケール、
「1/150」スケールが採用されました。

輸入品の車両と並べて走行させても違和感が少
ないですが、在来線車両としては、「1350mm」相当
のレールになるため、幅広な感じが否めません。

＊

このスケール感の乖離を、模型メーカーは、さ
まざまな方法で回避しています。

■ デフォルメ

「鉄道模型」に限らず昭和期の模型メーカーは、
厳密なスケール・ダウンではなく、模型の存在感
を優先して設計しています。

完成した模型は、人間から見たら小さいため
「上から見下ろす」という形になります。

このとき、スケールどおりに縮小すると、多く
の人にとって「細く見えすぎる」という現象が発
生します。

当時の人々にとって「上から見下ろす」という
機会は多くなく、結果、華奢に見えてしまうこと
になります。

当時の「模型メーカー」は、これを「デフォル
メ」で解決します。

模型が完成したときに華奢に見えないように、
若干太めになるよう調整しています。

「Nゲージ」の場合は、この調整が「いい方向」に作用します。

「1/150」スケールの場合、車両がレールに対して小さいため、車両を少し太めに調整するとレールとの違和感が減少します。

この「デフォルメ手法」は、「Nゲージ」の車体にスケール感を求める需要が大きくなるまで採用されていました。

現代でも、「蒸気機関車」に限っては、デフォルメが避けられません。

■ 台車

レール間の幅が「9mm」の線路に「1/150」スケールの在来線車両を載せるため、車輪の幅は「9mm」で固定されます。そのため、「台車」の厚みを薄くして、「ファインスケール」との差を回避しています。

「Nゲージ」は、工業製品としての組み立ても考慮しなければならないため、台車と車輪の隙間もある程度必要になります。

「台車」の「スケール調整」、「厚みを薄くする」などの方法で、違和感が許容範囲になる中で、工業製品として成立するように設計されています。

ただ、この方法でも破綻が避けられないケー

スがあります。

「デッキ付き」の「旧型電気機関車」の模型は、前後の「デッキ部分」が「従台車」の上に固定されている場合が多く、「従台車」のスケール調整の影響をそのまま受けます。

■ 蒸気機関車

「蒸気機関車」は、構造上、Nゲージ化が難しい車両です。

「蒸気機関車」の場合、「動輪」などがムキ出しで、大きく、見た目に占める割合が大きくなります。

動輪は、「Nゲージに合わせて固定になるため、その他の部分で調整する必要があります。

*

「動輪」は、「シリンダー」から「ロッド」を介して力が伝わります。

「ロッド」は「スケール」より薄くして、「ゲージ」の違いを吸収します。「シリンダーボックス」は、「車輪」、「ロッド」の位置に合わせて調整します。

「動輪」は、「スケール」より幅広になっているため、「ボイラー」を大きめにして違和感を減らすこともあります。

図3-4-1　見た目か、正しいスケールか

3-5 7mmレール

「NXシステム」は、国内のNゲージが黎明期より抱えている「在来線のガニ股」問題に対する1つの解決策として、「7mmレール」を提供しています。

*

「在来線Nゲージ車両」は、「1/150スケール」で設計されています。

これは、「1/160」の「外国型車両」と「国内在来線車両」を並べたとき、違和感が少なくなりますが、実物換算で「1350mm」相当のレール上を在来線車両が走行することになるため、「ガニ股」感があります。

「鉄道模型シミュレーター」は、「仮想空間」を膨大な演算で再現しています。

計算の中には、スケール計算も含まれていて、「1/150」スケールの「狭軌レール＝7mmレール」と、それに合わせて「車輪」を「7mm相当」にスケール計算することで、「Nゲージ車両」を「7mmレール」で走行可能にしています。

もはや「Nゲージ」ではありませんが、「レール」、「車両」ともに、「ファインスケール」になり、違和感が完全になくなります。

ただし、「蒸気機関車」だけは、この方法では解決できません。

「蒸気機関車」は、「Nゲージ」に合わせて各部を設計しているため、「スケール調整」だけでは解決できません。専用に設計(すべてが「ファインスケール」)された車両が必要になります。

3-6 スクリプト

「鉄道模型シミュレーター」は、「スクリプト」によって、「列車」などを「制御」できます。

*

「鉄道模型シミュレーター5」は、アセンブラ風のオリジナル・スクリプト言語を搭載しています。

「スクリプト」を「コンパイル」して、ビュワー内蔵のオリジナル・システムで「バイナリ」を実行しています。

「NXシステム」では、設計当初は既存のスクリプトを拡張する方向で検討していましたが、新規の言語を設計するのと等しい労力になりそうなので、方針を転換。既存言語を組み込むことにしました。

いくつかの言語を検討しましたが、「Python」を採用しました。中の人としては、「Maya」(3Dツール)で長年実績があるというのが、決め手です。

「Python」は、「APIセット」を「モジュール」の形で提供しています。

「pybind11」を使うことで「モジュール」が記述しやすく、組み込みのハードルは比較的低くなっています。

「Python」は、スクリプト初心者が学習するための負担が軽く、簡単に習得できます。

Webには、「Python」の情報が多くあり、情報を参照しやすいのも有利です。

欠点は、「Python」の実行速度が他の言語システムと比較して遅く、複雑な処理は、「ビュワー」の「フレームレート」に大きく影響します。

通常の範囲では問題ありませんが、実行内容によっては、コードの実装に工夫が必要です。

「スクリプト」の実装に際して、「VRM-NX」と「Python」の組み合わせ方法も設計時にいくつか検討しました。

「VRM-NX」の「ポイント」「信号機」「編成」などの部品を、「Python」のオブジェクトで提供することは、早期に決定していました。

「VRM-NX」のシステムの仕組みと「Python」のスクリプトとの組み合わせは、「イベントハンドラ」で渡す方式を採用するとして、その「イベントハンドラ」の記述方法は、若干試行錯誤しました。

「ロジカルなシステム」とするなら、「オブジェクト」を取得して、その「オブジェクト」にユーザーが定義した「ハンドラ関数」を設定する、という方法が考えられます。

これに対して、「オブジェクト」ごとの「イベントハンドラ」を、「システム」があらかじめ作るという、「一見すれば分かる」方法が考えられます。

VRM-NXでは、「旧スクリプト」のことも考え、後者の方法を実装しています。

図3-6-1　スクリプトを使えば、「列車の運行」「ポイント」「信号」など、さまざまな場面を制御できる

3-7　資料写真

　「鉄道模型シミュレーター」の車両モデルは、業務用途でも使用できるレベルのモデルを実現するために、膨大な枚数の写真を撮影しています。

　これまでに撮影した写真の中から、いくつか取り上げて紹介します。

■ 東京駅丸の内駅舎（戦後復興）

　大正時代に完成した「中央停車場」（＝東京駅丸の内駅舎）は、もともと3階建ての構造をもっていました。

　空襲にて炎上。戦後の復旧工事で、激しく損傷した3階部分を撤去。ドーム部分の屋根の形状を変更するなど、修復しました。

　図3-7-1は、ドームが台形になった乗降口建屋です。

　戦後は、テレビなどの普及もあって、当時の一般的な東京駅のイメージは、この2階建てスタイルでした。

　また、駅前は、「ロータリー」や庭園が設置され、現行より緑の多い風景でした。

図3-7-2　駅前にはロータリーや庭園を設置

　「東京駅」と地下通路で接続されていた「東京中央郵便局」です。

　高層ビルへの建て替え工事では、この外壁が継承されています。

　昭和前期には、「東京駅」との地下通路に「トロッコ列車」が走っていました。

　昭和期の「東京駅」の風景は、「丸の内駅舎」と「中央郵便局」、「国鉄ビル」、「丸ビル」が1つのセットでした。

図3-7-1　ドームが台形になった乗降口建屋

図3-7-3　「東京駅」と地下通路でつながっていた「東京中央郵便局」

■ シキ611

巨大な車体を誇る"大物車"の中でも、最大級の威容を誇る「シキ611」です。

（昭和には、本形式を上回る「シキ700」が存在していました）。

図3-7-4　横浜羽沢駅に停車中の「シキ611」

中央部分で前後に分割、巨大な「変圧器」を組み込み輸送する

図3-7-5
最大「240t」の「変圧器」を組み込むことができる。隣の「コンテナ車」と比較すると、その巨大さがよく分かる

図3-7-6
「台車」「台車上枠」「枕枠」で構成された多段構造。台車は「NC-4A」

図3-7-7　「大物車」には「車掌車」をセットで運用

■ ワ100

「ワ100」は、自動車の普及により、鉄道による貨物輸送の衰退が加速する時代に試作された貨車です。

現代のように、情報化されたシステマチックなコンテナ輸送網が登場する前の時代で、長距離輸送でも荷主はトラックで直接輸送することが一般的な時代です。

＊

運用時は、貨物駅で「トレーラー」と「台車」を組み立て、本線走行の手続きなど煩雑な作業が必要で、利便性が皆無に等しいため、試作で終わってしまったと思われます。

図3-7-8
「ワ100」。トラック輸送の「トレーラー部分」に「台車」をつければ、そのまま貨車になるという発想で試作された

図3-7-9
トラック側の台車。単純にトレーラーに載せるのではなく、複雑な
構造をもつ

図3-7-10
タイヤ側。トレーラー間に「台車」を挟む「連接構造」になっている

■ 機回し

　東京駅の「東海道線特急ホーム」に到着した
「ブルートレイン」は、「機回し」と呼ばれる作業
行なわれました。

　東京駅の大阪側には、列車基地の「品川車両
区」、「東京機関区」があります。
　「ブルートレイン」は、入線時に「機関車」を先
頭にして入ってきます。
　「車両基地」に「ブルートレイン」を引っ張るた
め、品川方向に「機関車」を付け替える作業です。

図3-7-11
東京駅の特急ホームに入線した「ブルートレイン」。「客車」と「機
関車」が切り離される。「機関車」は入換のため片方の「テールラ
イト」を点灯させ「入換標識」する

図3-7-12　　「機関車」は「上野方向」に走行

キ810

「シキ810」は、平成8年に製造された「シキ800」の新車両。東芝物流KK所属でスカイブルーの塗装が目を引きます。

平成18年に日本通運に移籍したため、このスカイブルーでの活躍は短命に終わりました。

図3-7-13 「ブルートレイン」はホームに残されたまま

図3-7-16
「シキ800形式」としては30数年ぶりの増備車。基本的な構造は「シキ800」ですが、現代的なブレーキ装置など改良点が多数

図3-7-14 「上野方向」から「機関車」が「島式ホーム」の反対側に入線

図3-7-17 台車は「TR213F」。160tの貨物を支える

■ 大船工場

「大船工場」は、戦後、「海軍工廠」の跡地に建設された、電車の修繕などを行なっていた「国鉄の工場」です。

「大船工場」の最後の一般公開で撮影した写真です。「国鉄車両工場」のディティールの参考になります。

図3-7-15
このまま「品川方向」に走り、ふたたび「ブルートレイン」に接続。「車両区」へ出発

図3-7-18　「クモハ100-172」。南武支線で活躍した2両編成

図3-7-20　検査棟。隣には塗装棟などが建っていた

図3-7-19
解体作業中の「クハ103-588」。「大船工場」の一角では車体の解体を行なっていた

図3-7-21　車輪を分解、整備する建屋

3-8　VRM-NXの車両

　細密なデザインで再現した、「VRM-NX」の車両を紹介します。

■ 20系寝台 特急客車

　1956年の東海道線全線電化に合わせて登場した寝台特急「あさかぜ」は、登場時、既存の客車を組み合わせた編成。

　そのころの客車は、さまざまな形式が混在することが常識でした。

＊

　登場時の「あさかぜ」は、「国鉄幹部にも不満が残るものだった」と記録されています。

　これを解決するため、「20系」（改番で151系）特急電車「こだま」の開発により、一度廃案になっ

た「機関車」による「集中動力方式」の新特急案をベースに、他の形式を混在させない「固定編成」の「寝台特急客車」を開発することになります。

＊

　「20系寝台特急客車」の登場によって、「ブルートレイン」の歴史が始まりました。

＊

　「カニ21」は、「20系」編成の電力需要を賄う「電源車」。

　「20系」では、専用の発電装置を搭載した「集中電源方式」を採用しています。

　登場時は、「マニ20」が製造されましたが、東京発の荷物輸送（新聞）には積載量の不足があり、「カニ21」は、車体全長を大型化、「荷物室」を拡大

しています。

搭載している「発電用エンジン」は、ディーゼル機関車「DD13」の「DMF31S」を転用したものです。

図3-8-1　20系客車の電源車「カニ21」

「ナロネ22」は、「一人用個室A寝台」と「プルマン式2段B寝台」を備えています。

図3-8-2　ナロネ22

「ナロネ21」は、「プルマン式2段B寝台」を「14組28名分」を備えています。

図3-8-3　ナロネ21

「ナロ20」は、リクライニング・シートを備えた座席車です。

「10系」からシート・ピッチを変更。電気暖房を採用しています。

図3-8-4　ナロ20

食堂車の「ナシ20」。旧来の石炭施設に代わり、「電気レンジ」「電気冷蔵庫」などを搭載しています。

図3-8-5　ナシ20

「3等寝台車」の「ナハネ20」。「3段寝台」を備えています。

図3-8-6　ナハネ20

「ナハネフ22」は、寝台特急「富士」の登場時に増備された「2等寝台緩急車」です。

座席車だった「ナハフ20」の寝台車への置き換えを目的としていました。

図3-8-7　ナハネフ22

「カニ22」は、「架線集電＋ディーゼル発電」の「2電源車」です。

開発当初は、「架線集電」による「電動発電機」の「1電源車」（オニ22）が検討されましたが、「非電化区間」でのメリットがないことなどから、「多数電源車」（ディーゼル発電機＋電動発電機＋交流変圧）に設計を一本化。

さらに、重量軽減のため、交流変圧対応は削除されました。

それでも、「電動発電機」を2台搭載するため、積載時で「64t弱」の重量級車両になっています。

重量制限のため運用区間も限られ、後年、「電動発電機」は撤去されてしまいました。

図3-8-8　カニ22

■ 591系高速試験電車

山岳部が多い日本の地形では、カーブ区間が多く、「高速走行」の妨げになっていました。

当時は、「カーブ区間の高速化」が、「速度向上」の1つの目標でした。

しかし、カーブを高速で通過した場合、遠心力の増加によりさまざまな問題が発生します。最悪、「列車転覆」にもなる危険性も孕んでいました。

＊

これを解決するため、車体をカーブで内側に傾斜させて、重心を移動させる「振り子方式」が考えられました。

「振り子方式」など高速化技術を検証するために製造されたのが、「591系高速試験電車」です。

本形式の成果は、「381系」などに取り入れられました。

図3-8-9　見た目は「3両編成」ですが、全体で1両という特殊な形態

図3-8-10
低運転台の「Mc1」。運転席側に小さい特急シンボルがついている。この運転台デザインは、「201系」に継承された

図3-8-11 「M2」。短い車体が特徴

図3-8-14 斬新なデザインで登場。先頭部は優れた眺望が楽しめた

図3-8-12 「空気シリンダー」で「傾斜角」が変化する「パンタグラフ」を搭載

図3-8-15
大型の窓により富士山を裾野まで見ることができる広い展望

図3-8-13
高運転台の「Mc3」。台車は、最大傾斜「6度」のコロによる「自然振り子式」

図3-8-16
グリーン＋普通車は、2階建て。2階部分は、グリーン席。乗客の乗降ドアは、車体外部に移動する「プラグドア」を採用

■ 371系特急電車

　「371系」は、小田急 新宿駅からJR御殿場線御殿場駅へと結ぶ、特別準急を祖先とする直通列車「あさぎり」用のJR東海車両。

　小田急 新宿駅と沼津駅を結んでいました。
　1991年登場で、本形式1編成のみが存在していました。

■ E491系電気軌道総合試験車

　「East i-E」のニックネームが付けられていた「試験車」です。

　在来線区間の測定試験用に、2002年に登場しました。

　3両編成で、基本的には運用されますが、カラーリングなど本形式に合わせて改造された「マヤ50 5001」と組み合わせた、4両編成でも運用されます。

「E491系」は、測定用途のため技術の進展に合わせて改変が行なわれています。

「鉄道模型シミュレーター」のモデルは、2010～2012年ごろの取材データをベースにしています。

「クモヤE491-1」は、「信号」や「通信」を測定します。また、測定用パンタグラフを搭載しています。

図3-8-17　クモヤE491-1

「モヤE490-1」は、架線測定器を搭載。

また、「パンタグラフ」まわりに複雑な交直流機器、車体中央に測定用ドームがあります。

図3-8-18　架線測定機器を搭載した「モヤE490-1」

図3-8-19　屋根や斜体に複雑な機器を搭載

「クヤE490-1」は、「レール測定装置」を搭載。また、測定用パンタグラフを搭載しています。

図3-8-20　クヤE490-1

「マヤ50 5001」は、「建築限界」の測定を行ないます。

「50系客車」から改造されています。「モデル」は2015年以前のもので、同年測定装置の更新が行なわれ、外観が大きく変わっています。

図3-8-21　マヤ50 5001

側面だけでなく、屋上、床下にも「CCD測定装置」が設置されています。

図3-8-22　屋根や床下にも測定装置を設置

■ EF66電気機関車

1966年に国鉄が開発した"最強"の「電気機関車」です。

「EF65」の1.5倍の一時間定格出力があり、「1000t貨物編成」の高速運行が可能です。

「650kW」の大出力をもつ「MT56主電動機」を搭載。振動による故障を避けるため、「動輪」などに「防振ゴム」を付けた独特な構造をもっています。

「鉄道模型シミュレーター」でもこの構造をモデル化しています。

「EF90電気機関車」は、1966年に「高速コンテナ車」と合わせて試作された車両です。

それまで箱型が一般的だった国鉄電気機関車とはことなる、斬新なデザインの先頭形状を採用しています。

*

量産機登場に合わせて、量産化改造を行い「EF66 901」になりました。

図3-8-23　EF90電気機関車

図3-8-24　EF66 51

1973年以降に製造された「第二次車」です。

運転台上部にひさしが設置され、制御機器の変更、電動発電機の変更などが行なわれています。

「DT133」、「DT134」台車は、空気ばね方式を採用しています。車輪には防振ゴムが見えます。

図3-8-25　EF66　第二次車

■参考書籍
1)交友社　鉄道ファン　各号　2)電気車研究会　鉄道ピクトリアル　各号

## 第4章

鉄道模型の自動制御

「鉄道模型シミュレーター NX」では、「ギミック」の制御に汎用スクリプト言語の「Python」を新たに採用しています。

これにより、複雑な制御を、今まで以上の柔軟さで記述することができます。

コンセプト車両「夢空間」　オシ25 901

4-1　Pythonスクリプトをはじめよう

「VRM-NX」の自動制御と、実装されているスクリプト言語「Python」を学んでみましょう。

■「VRM-NX」と「Python」

従来の「VRMシリーズ」（「VRM4」以降）では、各種ギミック制御に独自の「スクリプト・コマンド」を採用していました。

しかし、最新バージョンである「鉄道模型シミュレーター NX」では、「ギミック」の制御に汎用スクリプト言語の「Python」を新たに採用しました。

これにより、複雑な制御を今まで以上の柔軟さで記述することができます。

また、「Python」の「実行環境」は「ゲーム」に内包されているため、「ゲーム」を「インストール」するだけで「プログラミング環境」を整えることができます。

■ 無料のスターターキット

「VRM-NX」は店頭で販売されている「パッケージ版」と、オンライン・サービスとして提供されている「ONLINE版」があります。

それらの「お試し版」として、無料で遊べる「スターターキット」が「公式サイト」からダウンロードできます。

扱えるパーツは最低限のものになりますが、「Python言語」での制御は製品と同等の実装になるので、仕様を理解できれば、これだけで「列車の自動運転」なども可能です。
＊
「仮想空間で動く鉄道」を見ながら「Pythonプログラムを楽しく学習してみましょう。

■ レイアウトの作成

「VRM-NX」が起動したら、まずは「新規レイアウト」を作ります。

「ファイル」→「新規レイアウトの作成」を選択すると、黒一色だった画面にグリッドが表示されて、パーツが置けるようになります。

図4-1-1　新規レイアウト作成

■ Pythonで「Hello, World!」

さっそく、「Python」に触れてみましょう。

レイアウター・ツールを選択して「レイアウト」→「スクリプト」→「レイアウト・スクリプト・エディタ」を押すと、スクリプト編集画面が開きます。

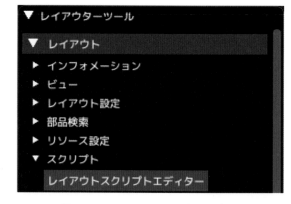

図4-1-2　レイアウト・スクリプト・エディタ

「VRM-NX」ではスクリプト操作可能なオブジェクトには、パーツ配置時に、「デフォルト・スクリプト」がセットされています。
＊

リスト4-1-1は、レイアウトの「デフォルト・スクリプト」です。

リスト4-1-1　デフォルト・スクリプト

```
#LAYOUT
import vrmap1
def vrmevent(obj,ev,param):
    if ev == 'init':
        dummy = 1
    elif ev == 'broadcast':
        dummy = 1
    elif ev == 'timer':
        dummy = 1
    elif ev == 'time':
        dummy = 1
    elif ev == 'after':
        dummy = 1
    elif ev == 'frame':
        dummy = 1
    elif ev == 'keydown':
        dummy = 1
```

＊

　「Python」で「VRM-NX」を操作するときは「vrmapi」で定義されているの命令を使います。

　たとえば、ビュワーの「スクリプトLOG」に「文字」を表示する命令は、「vrmapi.LOG」(string)になります。

　「string」の部分に「ダブル・クオーテーション」で囲んだ「文字列」を入力することで、文字が表示されます。

＊

　今回は「ビュワーの起動時」に「スクリプトLOG」へ「Hello, World!」という文字を出力してみましょう。

[手順]

　[1]「デフォルト・スクリプト」で「ビュワー起動時」に実行される部分は、「if ev=='init':」内の範囲です。

　つまり、ビュワーの起動時に「Hello, World!」と表示させる場合は該当部分を、

```
if ev== 'init':
    vrmapi.LOG("Hello, World!")
```
と書き換えます。

　[2]元からある「dummy=1」は構文を保持するためのダミーコマンドなので、「if-else」内に1行以上の命令を書いた場合は「dummy=1」を消すか、頭に「#」を付けてコメントアウトします。

図4-1-3　デフォルトコード編集後

　[3]編集が完了したら、左側のツールボックスにある「運転」を押してビュワーで確認してみます。

　右上の青い四角マークを押して「ビュワーウィンドウ」を表示させ、「ビュワー」→「情報」→

「ScriptLOG」→「スクリプトLOGを開く」を押します。

「スクリプトLOGウインドウ」が表示され、3行目に「string : Hello, World!」を表示させることができました。

```
: ID 0] : VIEWER : ### Startup ###
: ID 0] : Module : C:\Program Files\I.MAGIC
: ID 0] : string : Hello, World!
```
図4-1-4　ビュワーのスクリプトLOG表示結果

[4]ビュワーを終了するときは右上の赤い三角をクリックするか、「Esc」キーを押します。

[5]動作を確認したら「ファイル」→「名前をつけて保存」を使ってレイアウトファイルを保存します。

※「VRM-NX」では、「Python」を使って柔軟な制御ができる代わりに、構文エラーや例外発生時にソフトウェアが異常終了する場合があります。
　そのため、レイアウト・ファイルはこまめに保存することをお勧めします。*

このように「VRM-NX」を使えば、専用の開発環境がなくても「Python」を使ってプログラミングしたり、遊んだりできます。
*
「VRM-NX」では、(a)「Python」を使って列車の速度を変更したり、(b)センサで列車の位置を検出したり、(c)ポイントや信号を切り替えたりできます。

これらを複合的に構成することで、列車の自動運転や信号機とポイントを組み合わせたATCなどの高度な自動制御も可能となります。

4-2　イベント・ハンドラー

前節で、デフォルトの「レイアウト・スクリプト」に手を入れて、ビュワー起動時の「スクリプトLOG」に、「Hello, World!」を表示させました。
　この節では、これらの動作について、「イベント・ハンドラー」の視点から、もう少し詳しく紹介します。

図4-2-1　Pythonで自動運転

リスト4-2-1　「Hello, World!」表示スクリプト

```python
import vrmapi
def vrmevent(obj,ev,param):
    if ev== 'init':
        vrmapi.LOG("Hello, World!")
    elif ev == 'broadcast':
        dummy = 1
    elif ev == 'timer':
        dummy = 1
    elif ev == 'time':
        dummy = 1
    elif ev == 'after':
        dummy = 1
    elif ev == 'frame':
        dummy = 1
    elif ev == 'keydown':
        dummy = 1
```

■ 引数の「obj」には何が入っている？

デフォルトで生成される関数「vrmevent」の「obj引数」には、「VRM-NX」の部品に対応する「オブジェクト・データ」が入っています。

これには、他のイベントから呼び出される場合を除いて、基本的には「自分自身のオブジェクト」が入ります。

以下は「データ型」の一例です。

表4-1　データ型

自動センサ	VRMATS
音源	VRMBell
地上カメラ	VRMCamera
車輌	VRMCar
踏切、ホームドア	VRMCrossing
エミッター	VRMEmitter
レイアウト	VRMLayout
モーションパス	VRMMotionPath
ポイント	VRMPoint
信号	VRMSignal
スカイドーム、天候	VRMSky
スプライト	VRMSprite
システム	VRMSystem
編成	VRMTrain
ターンテーブル	VRMTurntable

「VRM-NX」では、これらの「オブジェクト・データ」に対して命令を実行することで、「列車」や「ポイント」を操作します。

後述する「イベント登録」もこの「オブジェクト・データ」を使います。

無料の「スターターキット」には「信号」や「ターンテーブル」などの一部パーツが入っていませんが、収録されているパッケージを購入することで、利用できるようになります。

図4-2-2　スクリプトで操作できる「ポイント」や「信号機」

■ 引数の「ev」には何が入っている？

2つ目の「ev引数」には、イベント実行時にどのイベントが「トリガー」になったのかを判別するための「識別用　文字列」が入ります。

この「ev引数」の文字列を「if-else」で「条件分岐」することで、「イベント・トリガー」ごとに異なる処理を記述します。

■ 引数の「param」には何が入っている？

3つ目の「param引数」には、処理に利用するパラメータが、辞書(dict)型で格納されています。

同じ「オブジェクト」でも、異なるイベントを処理すると、「値」はもちろんのこと、「キー項目」も変化します。

＊

「存在しないデータ」を参照しようとすると「エラー」が発生するので、利用には注意が必要です。

中のデータを安全に確認したい場合は、「キー」と「値」を「スクリプトLOG」に出力する関数を作って、どのタイミングからでも使えるようにします。

リスト4-2-2　Dict型表示関数

```python
# dict型のキーと値を表示
def showDict(param):
    # 個数の確認
    str_len = str(len(param))
    vrmapi.LOG("  param[" + str_len + ']')
    # キー、値の表示
    for k, v in param.items():
        vrmapi.LOG("    " +str(k)+":"+str(v))
```

■「vrmevent関数」の登録と実行

「レイアウト・スクリプト」の「vrmevent関数」は、デフォルトで、ビュワー起動時に一度だけ「init」が呼び出されるようになっています。

それ以外のイベントは「SetEvent関数」を実行することで、イベントが登録されて実行されるようになります。

＊

デフォルトで登録されているイベントと「各オブジェクト」が登録可能なイベントは、「オブジェクト」の種類によって異なります。

たとえば、レイアウト自身には、次のイベントを登録することができます。

● SetEventTime

「SetEventTime」はビュワー開始から指定時間後に発生するイベント。

「ev引数」の文字列は「time」。

● SetEventTimer

SetEventTimerは指定間隔で繰り返し発生するイベント。

「ev引数」の文字列は「timer」。

● SetEventAfter

「SetEventAfter」は実行時点から指定時間後に発生するイベント。

「ev引数」の文字列は「after」。

● SetEventFrame

「SetEventFrame」は画面描画の1フレームごとに発生するイベント。

「ev引数」の文字列は「frame」。

● SetEventKeyDown

「SetEventKeyDown」はキーボードのA～Zとテンキーの0～9キーが押されたときに発生するイベント。

登録する英字は大文字ですが、"「Shift」押しなし"で動きます。

「キー」は「param引数」の「keycode」から取得できます。

「ev引数」の文字列は「keydown」です。

＊

基本的には「init」部分に「SetEvent関数」を登録します。

イベントを組み合わせることで特定のイベント後に有効にしたり、「キー」を押してから時間差で実行したりもできます。

＊

以上を踏まえて、以下のサンプル・スクリプトを実行してみましょう。

リスト4-2-3　イベント・サンプル・スクリプト

```python
#LAYOUT
import vrmapi

def vrmevent(obj,ev,param):
    if ev == 'init':
        # ビュワー起動時に一度だけ呼び出し
        vrmapi.LOG(ev + ":Hello, World!")
        # 指定キーを入力すると発生
        obj.SetEventKeyDown('A')
        # 指定間隔で繰り返し発生
        obj.SetEventTimer(3.0)
        # ビュワー開始から指定時間後に発生
        obj.SetEventTime(2.0)
```

```
        # フレームごとに発生
        #obj.SetEventFrame()
        # param確認
        showDict(param)
    elif ev == 'broadcast':
        vrmapi.LOG(ev)
    elif ev == 'timer':
        vrmapi.LOG(ev + ":3秒ごと")
        # param確認
        showDict(param)
    elif ev == 'time':
        vrmapi.LOG(ev + ":2秒後")
        # param確認
        showDict(param)
        # 登録から指定時間後に発生
        obj.SetEventAfter(2.0)
    elif ev == 'after':
        vrmapi.LOG(ev + ":登録から2秒後")
        # param確認
        showDict(param)
    elif ev == 'frame':
        # 表示が無限に流れるので省略
        #vrmapi.LOG(ev + ":1フレームごと")
        dummy = 1
    elif ev == 'keydown':
        str_key = param['keycode']
        vrmapi.LOG(ev + ":" + str_key)
        # param確認
        showDict(param)

# dict型のキーと値を表示
def showDict(param):
    # 個数の確認
    str_len = str(len(param))
    vrmapi.LOG("  param[" + str_len + ']')
    # キー、値の表示
    for k, v in param.items():
        vrmapi.LOG("    " +str(k)+":"+str(v))
```

それぞれのイベント実行時に「param引数」の配列を表示します。

＊

実行結果は、次のようになります。

リスト4-2-4 │「イベント・サンプル」実行結果

```
### Startup ###
init：Hello, World!
  param[2]
    eventid：708
    eventtime：0.0
keydown：A
  param[3]
    eventid：709
    eventtime：1.4412082999988343
    keycode：A
time：2秒後
  param[3]
    eventid：711
    eventtime：2.0040875999984564
    time：2.0
timer：3秒ごと
  param[3]
    eventid：710
    eventtime：3.004905500005407
    time：3.0
after：登録から2秒後
  param[3]
    eventid：741
    eventtime：4.005916000001889
    time：2.0
timer：3秒ごと
  param[3]
    eventid：710
    eventtime：6.008160100005625
    time：3.0
```

1段落目は「イベント文字列＋文字」、2段落目は「パラメータの個数」、3段落目に「パラメータ

のキーと値」を表示しています。

イベントは共通して「eventid」と「eventtime」が格納されていますが、「time」「timer」「after」イベントには「time」の値が格納され、「keydown」イベントには「keycode」が、独自に格納されることが分かりました。

図4-2-2　VRM-NXの車両

4-3　「VRM-NX」で列車の自動運転

「VRM-NX」で、列車の「発車」と「停車」を「自動センサ」パーツと「Python」を使って自動で行なう方法を紹介します。

*

線路に重ねて配置した「自動センサ」を列車が通ると減速して停車し、一定時間後に発車するというプログラムを繰り返し実行します。

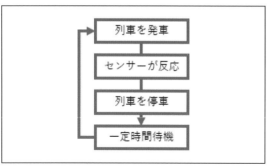

図4-3-1　自動運転のプログラム

■ レイアウトの準備

まずは、列車を動かすレイアウトを準備します。

*

「直線」と「曲線」を組み合わせた「環状線」（オーバル・レイアウト）を作ります。

上側に停車位置として駅ホームを配置し、駅ホームの左側、時計回りの進行方向手前に「自動センサ」を配置します。

列車は、自動運転させるための1編成を、時計

回りになるように配置します。

図4-3-2　オーバル・レイアウト

図4-3-3　ビュワー表示

■ 起動時に列車を発車させる

列車をビュワー起動時から走行させるようにするには「AutoSpeedCTRL」関数を使います。

「AutoSpeedCTRL」関数を使うと、指定した距離を走りながら速度を変化させます。

「第一引数」にはmm（ミリメートル）換算の「走行距離」、「第二引数」には「編成」に設定した「最高速度に対する速度比」を、0〜1の浮動小数で指定します。

「AutoSpeedCTRL関数」の使用例

```
# 距離600mmで最高速度の75%に変更
VRMTrain.AutoSpeedCTRL(600.0, 0.75)
```

■ センサを反応させる

　線路に重ねて配置した「自動センサ」パーツ（以下：センサ）は列車を検知すると「catchイベント」を発行します。

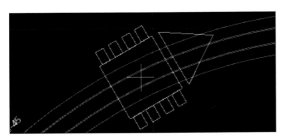

図4-3-4　「線路」に重ねた「センサ」

　検知した列車はイベントの「obj引数」に対して「GetTrain」関数を使って「編成オブジェクト」を取得することができます。

リスト4-3-1　「自動センサ」での「編成オブジェクト」取得例

```
elif ev == 'catch':
    # 編成オブジェクトを取得
    tr = obj.GetTrain()
    # センサ検知ログ
    tn = tr.GetNAME()
    sn = obj.GetNAME()
    vrmapi.LOG(sn + "が" + tn + "検知")
```

■ 列車を「停車」させる

　列車の「停車」は「発車」と同様の「AutoSpeedCTRL」をセンサの「catchイベント」と組み合わせて使います。

　停車位置を駅ホームに合わせたいときは、センサの位置を調節するか、「AutoSpeedCTRL」関数の走行距離を変更します。

■ 列車を「待機・再出発」させる

　列車を「停車」させてから一定時間経過後に発車させるには、センサの「catchイベント」で「SetEventAfter」関数を使います。

　列車の「afterイベント」に出発用の「AutoSpeedCTRL」関数を設定することで、「SetEventAfter」関数の引数で指定した時間の経過後に再出発します。

　時間指定は「列車が停車してからの待機時間」ではなく、「センサが反応してからの経過時間」になります。
　そのため、停車するまでの「減速時間」を含めた時間を設定します。

■「Python」を書き込む

　以上の内容を実現するためのスクリプトを、「列車」と「センサ」にそれぞれ記載します。

リスト4-3-2　列車用スクリプト

```
if ev == 'init':
    # 距離600mmで最高速度の75%に変更
    obj.AutoSpeedCTRL(600.0, 0.75)
elif ev == 'broadcast':
    dummy = 1
elif ev == 'timer':
    dummy = 1
elif ev == 'time':
    dummy = 1
elif ev == 'after':
    # 距離600mmで最高速度の75%に変更
    obj.AutoSpeedCTRL(600.0, 0.75)
```

リスト4-3-3　センサ用スクリプト（抜粋）

```
elif ev == 'catch':
    # 編成オブジェクトを取得
    tr = obj.GetTrain()
    # 距離1100mmで速度を0
    tr.AutoSpeedCTRL(1100, 0.0)
    # 20秒後にafterイベント実行
    tr.SetEventAfter(20.0)
```

　記述できたら、レイアウトを保存して、「運転ボタン」を押してみましょう。

＊

　ビュワー起動後に列車が走り出し、レイアウトを回ります。

　センサを踏むと減速し、ホームへ停車します。

　一定時間停車後にまた出発して、以降は同じ動作を繰り返します。

■「列車」や「駅」を増やしてみる

　この自動運転方法は「センサ」と「列車」が連携していますが、それぞれの仕組みは単体で完結しています。

　そのため、複製して増やすことができます。

　「駅ホーム」「列車」「センサ」をレイアウトの点対称となるように複製してみましょう。

図4-3-5　「駅」と「列車」と「センサ」を追加

　ビュワーを起動すると、2つの列車が同じように走ります。

　2編成の速度が同じで充分な距離が空いていれば、永久に走り続けます。

図4-3-6　ビュワー表示

　このように1つの「オーバル・レイアウト」内に同一行動の列車や停車位置を増やすことは簡単にできます。

　1つの「オーバル・レイアウト」に複数の列車を配置して駅の停車を行なう場合は、駅停車中に後続の列車がぶつからないような間隔を空けて配置してください。

　列車の密度を上げるには、実際の「鉄道運行計画」同様に、列車の速度を上げたり停車時間を短くしたりして調節しましょう。

■車両の電源をONにする

　「VRM-NX」では列車の「ヘッドライト」や「ルームライト」などのON/OFF制御が可能です。

　車両の各種電源ステータスは「編成オブジェクト」（VRMTrain）の中にある「車両オブジェクト」（VRMCar）に対して車両ごとに変更命令を記述する必要があります。

　しかし、「レイアウト・オブジェクト」の「GetTrainList」関数を利用することで、レイアウト内の全編成・全車両をまとめて属性変更することができます。

＊

　以下の内容を「レイアウト・オブジェクト」に記載すると、「ダミー編成以外の列車」の電灯やパンタグラフを「ON」にします。

リスト4-3-4　全列車の電源をONにする

```
#LAYOUT
import vrmapi

def vrmevent(obj,ev,param):
    if ev == 'init':
        dummy = 1
        setAllCarPower()
    elif ev == 'broadcast':
        dummy = 1
    elif ev == 'timer':
        dummy = 1
    elif ev == 'time':
        dummy = 1
    elif ev == 'after':
        dummy = 1
    elif ev == 'frame':
        dummy = 1
    elif ev == 'keydown':
        dummy = 1


# レイアウト内の全車両を電源ON
def setAllCarPower():
    # 編成リストを新規編成リストに格納
    trList = vrmapi.LAYOUT().GetTrainList()
    # 新規編成リストから編成を繰り返し取得
    for tr in trList:
        # ダミー編成は強制無効
        if tr.GetDummyMode():
            setTrainSwitch(tr, False)
        else:
            setTrainSwitch(tr, True)


# 編成の車両電灯系を操作
def setTrainSwitch(tr, sw):
    # 車両数を取得
    len = tr.GetNumberOfCars()
    # 車両ごとに処理
    for i in range(0, len):
        # 車両を取得
        car = tr.GetCar(i)
        # 方向幕灯
        car.SetRollsignLight(sw)
        # 室内灯
        car.SetRoomlight(sw)
        # LED
        car.SetLEDLight(sw)
        # 運転台室内灯
        car.SetCabLight(sw)
        # パンダグラフ個数確認
        k = car.GetCountOfPantograph()
        for j in range(0, k):
            # パンタグラフ昇降
            car.SetPantograph(j,sw)
        # 先頭車両処理
        if i == 0:
            # ヘッドライト
            car.SetHeadlight(sw)
        # 最後尾車両処理
        if i == len - 1:
            # テールライト
            car.SetTaillight(sw)
        # 蒸気機関車用(テンダーも対象)
        if car.GetCarType() == 1:
            # 煙
            car.SetSmoke(sw)
```

図4-3-7「電源ON」(左)と「電源OFF」(右)

＊

今回はセンサで「発車」と「停車」を繰り返す基本的な自動運転システムを作りました。

4-4　追い越しのある列車の自動運転

前節は、「VRM-NX」で、駅に一定時間停車する列車の自動運転を紹介しました。

今回は、編成を追加して、「特急列車」と「普通列車」による、追い越しのある自動運転を紹介します。

■ レイアウトの準備

レイアウトは、前回の駅が上下にある環状線（オーバル・レイアウト）を改造して、上側にポイントの待避線を追加します。

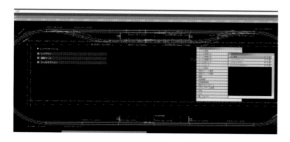

図4-4-1　待避線付きオーバル・レイアウト

「自動センサ」パーツ（以下、「センサ」）は、レイアウト左上と右下に、それぞれ、「上駅」「下駅」と名前を付けます。

分岐ポイントは「分岐A」「分岐B」の名前にします。

列車は、「特急列車」と「普通列車」の2編成を用意します。

図4-4-2　ビュワー表示

■ パターン・ダイヤ

今回は、「特急列車」が「普通列車」を駅で追い越す、「緩急結合ダイヤ」を実現します。

周期的に繰り返すため、「パターン・ダイヤ」の一種になります。

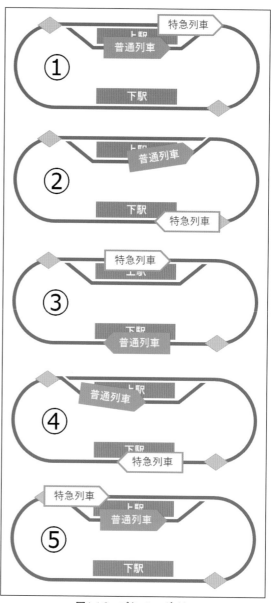

図4-4-3　パターン・ダイヤ

[1]「特急列車」が「上駅」を先発。

[2]「特急列車」が「下駅センサ」を踏んだら「分岐A」を待避線側に切り替えて「普通列車」が発車。

「特急列車」は「下駅」を通過。

[3]「特急列車」が「上駅」に、「普通列車」は「下駅」に一定時間停車。

[4]「普通列車」は「上駅センサ」を踏むと、「分岐B」を待避線に切り替えて、「上駅」に停車。

[5]「特急列車」が「上駅センサ」を踏むと、「分岐B」「分岐A」のポイントを本線側に切り替えて、上駅に一定時間停車。

*

以降は、[1]に戻って繰り返す。

■ スクリプト

関連するそれぞれの「スクリプト」を掲載します。

*

先頭行の「def vrmevent_xxx」は、レイアウト内の「パーツID」を示しています。

スクリプトをコピーするときは、「パーツID」と「スクリプト内のID」が一致しているか、確認してください。

●特急列車の「スクリプト」

特急列車の「スクリプト」には、「ビュワー起動時」と、駅停車後の「タイマ・イベント」で呼ばれる、「出発用速度制御」の「スクリプト」を記載します。

リスト4-4-1　特急列車のスクリプト

```
def vrmevent_3(obj,ev,param):
    if ev == 'init':
        vrmapi.LOG(obj.GetNAME() + " 出発")
        obj.AutoSpeedCTRL(600.0, 0.75)
    elif ev == 'after':
        vrmapi.LOG(obj.GetNAME() + " 出発")
        obj.AutoSpeedCTRL(600.0, 0.75)
```

●普通列車の「スクリプト」

普通列車の「スクリプト」は、駅停車後の「タイマ・イベント」で呼ばれる、「出発用速度制御」の「スクリプト」のみを記載します。

②のときとは別の「センサ・イベント」が、直接、車両を出発させます。

リスト4-4-2　普通列車のスクリプト

```
def vrmevent_42(obj,ev,param):
    if ev == 'init':
        dummy = 1
    elif ev == 'after':
        vrmapi.LOG(obj.GetNAME() + " 出発")
        obj.AutoSpeedCTRL(600.0, 0.75)
```

●「下駅」センサのスクリプト

「下駅」センサは、「特急列車」なら「下駅」を「通過」し、「普通列車」なら下駅に「停車」します。

「特急列車」と「普通列車」の識別は、センサの「GetTrain関数」で取得した列車オブジェクトの「GetNAME関数を使」い、「名前が「特急列車」かどうか」の「if条件」で判断します。

また、「特急列車」の場合は、「execStart関数」で「普通列車」に対する「出発判定」を実施します。

リスト4-4-3　「下駅」センサのスクリプト

```
#OBJID=149
import vrmapi
def vrmevent_149(obj,ev,param):
    if ev == 'init':
        dummy = 1
    elif ev == 'catch':
        # オブジェクト定義
        tr = obj.GetTrain()
        trn = tr.GetNAME()
        obn = obj.GetNAME()
```

```
        # 特急列車か
        if trn == '特急列車':
            # 特急列車通過処理
            vrmapi.LOG(trn+ " "+obn+"通過")
            l = vrmapi.LAYOUT()
            # 列車[42]のセンサ[118]停車判定
            execStart(l.GetTrain(42), 118)
        else:
            # 普通列車停車処理
            vrmapi.LOG(trn+" "+obn+"停車")
            tr.AutoSpeedCTRL(1050, 0.0)
            # 15秒後に出発
            tr.SetEventAfter(15.0)
```

●「上駅」センサのスクリプト

　「上駅」センサは「列車名」を識別して「上駅の
ポイント切り替え」を行ないます。

　「普通列車」は「分岐B」を「待避線」に切り替え
て停車。
　「特急列車」は「分岐A・B」両方を切り替えて、
「停車」と「出発タイマー」を定義します。

リストリスト4-4-4　　「上駅」センサのスクリプト

```
def vrmevent_118(obj,ev,param):
    if ev == 'init':
        dummy = 1
    elif ev == 'catch':
        # オブジェクト定義
        tr = obj.GetTrain()
        trn = tr.GetNAME()
        obn = obj.GetNAME()
        # ポイント定義
        l = vrmapi.LAYOUT()
        p1 = l.GetPoint(51)
        p1n = p1.GetNAME()
        p2 = l.GetPoint(37)
        p2n = p2.GetNAME()
        # ATS登録
        setATS(obj,tr)
```

```
        # 特急列車か
        if tr.GetNAME() == '特急列車':
            # 特急列車分岐切替
            p1.SetBranch(0)
            p1b = str(p1.GetBranch())
            vrmapi.LOG(p1n+"["+p1b+"]")
            p2.SetBranch(0)
            p2b = str(p2.GetBranch())
            vrmapi.LOG(p2n+"["+p2b+"]")
            # 特急列車停車処理
            vrmapi.LOG(trn+" "+obn+"停車")
            tr.AutoSpeedCTRL(1100, 0.0)
            # 18秒後に発車
            tr.SetEventAfter(18.0)
        else:
            # 普通列車分岐切替
            p1.SetBranch(1)
            p1b = str(p1.GetBranch())
            vrmapi.LOG(p1n+"["+p1b+"]")
            # 普通列車停車処理
            vrmapi.LOG(trn+" "+obn+"停車")
            tr.AutoSpeedCTRL(1100, 0.0)
```

●レイアウトの「スクリプト」

　「レイアウト・スクリプト」は、「起動時」に「普
通列車」に「センサ情報」を登録します。

　「setATS関数」は、列車オブジェクトがもつ連
想配列に"section"文字列をキーとして、「上駅セ
ンサ・オブジェクト」を格納します。

　これは「execStart関数」の実行時に、「上駅」
に普通列車が存在しているかどうかを、引数の
「パーツID」と「上駅センサ」の「GetID関数」での
「値比較」で確認します。
　さらに、「完全停車」後に出発させるため、「セン
サ確認」後に速度が「0」かどうかも確認しています。
　　　　　　　　　　　＊
　「出発処理」が完了したら、「連想配列」を「del」
で削除します。

リスト・リスト・4-4-5　レイアウトのスクリプト

```
def vrmevent(obj,ev,param):
    if ev == 'init':
        # 起動時初期登録
        sn = obj.GetATS(118)
        tr = obj.GetTrain(42)
        setATS(sn, tr)


# 列車の連想配列にセンサobjを格納
def setATS(sn,tr):
    k = "section"
    d = tr.GetDict()
    d[k] = sn
    trn = tr.GetNAME()
    snn = d[k].GetNAME()


# 普通列車出発判定
def execStart(tr,snID):
    k = "section"
    d = tr.GetDict()
    trn = tr.GetNAME()
    # 配列[section]が有り対象センサか
    if('section' in d) and
(d[k].GetID()==snID):
        # 列車が停車しているか
        if tr.GetSpeed() == 0.0:
            # 分岐切替
            l = vrmapi.LAYOUT()
            p2 = l.GetPoint(37)
            p2.SetBranch(1)
            p2n = p2.GetNAME()
            p2b = str(p2.GetBranch())
            obn = d[k].GetNAME()
            vrmapi.LOG(p2n+"["+p2b + "]")
            # 出発
            vrmapi.LOG(trn+" "+obn+"出発")
            tr.AutoSpeedCTRL(600.0, 0.75)
            # センサ情報削除
            del d[k]
        else:
```

```
            vrmapi.LOG(trn + " 未停車")
    else:
        vrmapi.LOG(trn + " 対象section外")
```

■ 実行結果

「ビュソー」起動時のスクリプト「LOGウインドウ」のログは以下になります。

＊

センサ名を「上駅」「下駅」にしたことで、「センサ・イベント時の動作が分かりやすくなります。

リストリスト4-4-6　「スクリプトLOG」ウインドウ

```
特急列車 出発
特急列車 下駅通過
分岐A[1]
普通列車 上駅出発
普通列車 下駅停車
分岐B[0]
分岐A[0]
特急列車 上駅停車
普通列車 出発
特急列車 出発
分岐B[1]
普通列車 上駅停車
特急列車 下駅通過
普通列車 未停車
分岐B[0]
分岐A[0]
特急列車 上駅停車
特急列車 出発
(繰り返し)
```

■「鉄道模型シミュレーター」ならでは

今回は、「特急列車」と「普通列車」を使った「追い越しのある自動運転」を作りました。

＊

このような、1つの本線に速度の異なる列車を走らせることは、現実の鉄道模型では実現難易度が高く、「鉄道模型シミュレーター」ならではの魅力の一つと言えるでしょう。

4-5　　　閉塞と自動列車停止装置の構築

　「閉塞(へいそく)」と「自動列車停止(Automatic Train Stop：以下、「ATS」)システム」を構築します。

■「VRM-NX」によるATSの構築

　レイアウトは「閉塞(へいそく)」として利用する「センサ間隔」と「設置数」をコンパクトな面積に纏(まと)めるため、「立体交差」を用いた「周回レイアウト」を作成します。

*

　列車は、①1駅のみ停車する「特急列車」1編成と、②2駅に停車して「特急列車」の発車後に出発する「普通列車」2編成を、用意します。

図4-5-1　立体交差レイアウト

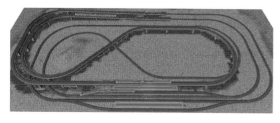

図4-5-2　レイアウト・ビュワー

■ ATSの動作

　構築するATSは、以下のように動作します。

[手順]

[1]「ビュワー」起動時に(a)列車の「ATSセンサ順路」と「初期位置情報」を設定します。

[2]列車が走行中に「ATSセンサ」を踏むと、「列車の位置情報」を「ATSセンサ順路」の「次位置」へ移動します。

[3]移動後の「ATSセンサ」の「さらに次のセンサ」を参照して、「前方列車の有無」を確認します。

[4]「前方列車」を確認したら列車を停車させ、「前方列車」の有無をタイマーで監視します。

[5]「前方列車」が不在になれば、監視を終了して列車を発車します。

　上記の動作により、列車は「ATSセンサ」1つにつき1列車しか進入しないため、「閉塞(へいそく)」が成立します。

●Pythonスクリプト

　それぞれのパーツに記述する「Pythonスクリプト」を掲載します。

*

　先頭行の「def vrmevent_xxx」はレイアウト内の「パーツID」を示しています。

　スクリプトをコピーするときは、レイアウトとスクリプト内の「パーツID」が一致しているか、確認してください。

*

　なお、ATS以外に自動運転用のコードも内包しています。

●「特急列車」のスクリプト

　「特急列車」のスクリプトには「ビュワー」起動時に、(a)「ATS情報の登録」を行ない、(b)「afterイベント」で「ATSの監視」を記述します。

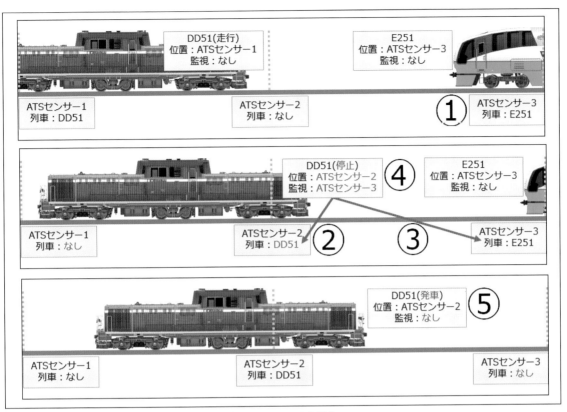

図4-5-3　ATSの動作

リスト4-5-1　「特急列車」のスクリプト

```
def vrmevent_162(obj,ev,param):
    if ev == 'init':
        # ATS順路登録
        d = obj.GetDict()
        d["route"] = [221, 224, 225, 253,
255, 227, 228, 257, 229, 259, 230, 261, 231]
        # ATS順路位置登録
        d["route_now"] = 0
        i = d["route"][d["route_now"]]
        # ATS列車登録
        s = vrmapi.LAYOUT().GetATS(i)
        ats_d = s.GetDict()
        ats_d["train"] = obj
        # 初期自動発車
        obj.AutoSpeedCTRL(200,1.0)
    elif ev == 'after':
        d = obj.GetDict()
```

```
        if("next_ats" in d):
            vrmapi.LOG("ATS監視開始")
            chkNextATS(obj, d["next_ats"],
param["eventid"])
        elif("go_auto" in d):
            # 発車
            obj.AutoSpeedCTRL(200,1.0)
            del d["go_auto"]
        else:
            vrmapi.LOG("ATS監視対象なし")
```

●「普通列車」のスクリプト

　「普通列車」のスクリプトも、「特急列車」とほぼ同じです。

　「ATS順路」が「本線」から「待避線側」になっています。

リスト4-5-2　「普通列車」のスクリプト

```python
def vrmevent_270(obj,ev,param):
    if ev == 'init':
        # ATS順路登録
        d = obj.GetDict()
        d["route"] = [223, 224, 225, 253,
255, 226, 228, 257, 229, 259, 230, 261, 231]
        # ATS順路位置登録
        d["route_now"] = 5
        i = d["route"][d["route_now"]]
        # ATS列車登録
        l = vrmapi.LAYOUT()
        s = l.GetATS(i)
        ats_d = s.GetDict()
        ats_d["train"] = obj
        # ATS初期監視
        d["on_ats"] = l.GetATS(257)
        obj.SetEventAfter(2.0)
    elif ev == 'after':
        d = obj.GetDict()
        if("next_ats" in d):
            #vrmapi.LOG("ATS監視開始")
            chkNextATS(obj, d["next_ats"],
param["eventid"])
        elif("on_ats" in d):
            #vrmapi.LOG("出発監視開始")
            chkOnATS(obj, d["on_ats"], par
am["eventid"])
        else:
            vrmapi.LOG("ATS監視終了")
```

●「ATSセンサ」のスクリプト

「ATSセンサ」は一定間隔で複数配置します。
間隔は狭いほど多数の列車を動かすことができますが、最低でも「列車編成長＋ATSでの緊急停止制動距離」以上を空けてください。

「センサ・パーツ」は「ビュワー画面」では表示されないため、「架線柱」などの「目印」も一緒に配置します。

*

「列車」を検知したらレイアウトの「setTrainOnATS」イベントを実行します。

「ATSセンサ」は複数配置するため、処理はなるべく書かずに、複製しやすいように実装します。

リスト4-5-3　「ATSセンサ」のスクリプト

```python
def vrmevent_224(obj,ev,param):
    if ev == 'init':
        dummy = 1
    elif ev == 'catch':
        setTrainOnATS(obj)
```

●「駅センサ」のスクリプト

「駅センサ」のスクリプトは「自動運転処理」を記述しています。

「特急列車」と「普通列車」の識別を行ない、駅の「停車」と「発車」、「ポイントの切り替え」を制御します。

「出発時」の「ポイント切り替え」は、「分岐器直前に切り替え機能のみを有するセンサ」を独立配置しています。

リスト4-5-4　「ATSセンサ」のスクリプト

```python
def vrmevent_264(obj,ev,param):
    if ev == 'init':
        dummy = 1
    elif ev == 'catch':
        #dummy = 1
        tra = obj.GetTrain()
        tra_n = tra.GetNAME()
        # ポイント定義
        l = vrmapi.LAYOUT()
        p = l.GetPoint(120)

        if(tra_n == "特急列車"):
            # 特急列車分岐切替
```

```
            p.SetBranch(0)
            tra.AutoSpeedCTRL(1000, 0.0)
            # 自動発車
            tra_d = tra.GetDict()
            tra_d["go_auto"] = 1
            tra.SetEventAfter(12.0)
        else:
            # 普通列車分岐切替
            p.SetBranch(1)
            tra.AutoSpeedCTRL(1000, 0.0)
            tra_d = tra.GetDict()
            tra_d["on_ats"] = l.GetATS(225)
            tra.SetEventAfter(12.0)
```

リスト ポイント切替センサのスクリプト

```
    elif ev == 'catch':
        # ポイント定義
        l = vrmapi.LAYOUT()
        p = l.GetPoint(119)
        p.SetBranch(1)
```

●「レイアウト」のスクリプト

「レイアウト」のスクリプトは、センサと列車から呼ばれる関数処理を記述します。

特殊な点としては「ResetEvent」と「SetEventAfter」が挙げられます。「

「前方のATSセンサ監視処理」は「監視開始から終了まで一定間隔で繰り返し実行する」ものですが、「VRM-NX」の仕様ではマルチスレッドやWait処理がなく、時間イベントの監視機構はシングルタスクで動作するため、並列で「Afterイベント」を定義できません。

そこで、イベント中に「ResetEvent」と「SetEventAfter」を定義することで、繰り返し処理を実現しています。

リスト4-5-5　「レイアウト」のスクリプト

```
# 列車位置情報を更新
def setTrainOnATS(ats):
    # オブジェクト定義
    tra = ats.GetTrain()
    ats_d = ats.GetDict()

    # 1.ATSのDictに列車を登録
    ats_d["train"] = tra

    # 2.列車[ルート[現在地]]からATSを取得
    tra_d = tra.GetDict()
    route_ary = tra_d["route"]
    l = vrmapi.LAYOUT()
    ats_bef = l.GetATS(route_ary[tra_d["ro
ute_now"]])
    ats_bef_d = ats_bef.GetDict()
    # 前ATSのDictから列車を削除
    del ats_bef_d["train"]

    # 3.列車の位置を移動
    ats_id = ats.GetID()
    tra_d["route_now"] += 1
    # 配列を超えた場合
    if(tra_d["route_now"] >= len(route_ary)):
        # 最初に戻る
        tra_d["route_now"] = 0

    # 4.ATS
    # 更に次を確認
    route_nex = tra_d["route_now"] + 1
    # 配列を超えた場合
    if(route_nex >= len(route_ary)):
        # 最初に戻る
        route_nex = 0
    # 次のATSを取得
    ats_nex = l.GetATS(route_ary[route_nex])
    ats_nex_d = ats_nex.GetDict()
    # Dict["train"]があるか
    if ("train" in ats_nex_d):
```

```
                # 緊急停止
                tra.AutoSpeedCTRL(200,0.0)
                # 監視対象
                tra_d["next_ats"] = ats_nex
                # 監視イベント設定
                tra.SetEventAfter(2.0)


    # 監視対象ATSにTrainが居なくなれば発車
    def chkNextATS(tra, ats, evid):
        # ats.Dict["train"]がないか
        ats_d = ats.GetDict()
        if ("train" not in ats_d):
            # 監視解除
            tra_d = tra.GetDict()
            del tra_d["next_ats"]
            vrmapi.LOG("ATS解除")
            # 発車
            tra.AutoSpeedCTRL(200,1.0)
        else:
            # 監視延長
            tra.ResetEvent(evid)
            tra.SetEventAfter(2.0)


    # 監視対象ATSにTrainがあれば発車
    def chkOnATS(tra, ats, evid):
        # ats.Dict["train"]があるか
        ats_d = ats.GetDict()
        if ("train" in ats_d):
            ats_tra = ats_d["train"]
            ats_tra_n = ats_tra.GetNAME()
            # 特急列車のみ反応
            if ats_tra_n == "特急列車":
                # 監視解除
                tra_d = tra.GetDict()
                del tra_d["on_ats"]
                vrmapi.LOG("出発進行")
                # 発車
                tra.AutoSpeedCTRL(200,1.0)
            else:
                # 監視延長
```

```
                tra.ResetEvent(evid)
                tra.SetEventAfter(2.0)
                vrmapi.LOG("普通列車通過中")
        else:
            # 監視延長
            tra.ResetEvent(evid)
            tra.SetEventAfter(2.0)
            vrmapi.LOG("駅停車中")
```

*

「ATS」や「閉塞」の概念は、実際の鉄道にも利用されているシステムで、本物はさらに高度で複雑な機構を有しています。

*

しかし、それらの基礎システムである列車の「位置検出」や「衝突防止システム」を、たったこれだけのプログラムとソフトウェアで擬似的に再現できる「シミュレータ・ソフト」は希少です。

*

「VRM-NX」では「信号機」や「踏切」の機能も実装できます。

プログラミング可能な特徴を生かして、「ジオラマ」だけでなく、「ATC」や「移動閉塞」などの「鉄道システム」のシミュレーションにもチャレンジしてみてはいかがでしょうか。

図4-5-4　VRM-NXの信号機

4-6 「機回し」による「折返し自動運転」

「機関車」と「客車」による「機回し」の「折り返し自動運転」を構築します。

■「VRM-NX」で「機回し」

レイアウトはU字型の線路の終端に、機回し線のある「機回し駅」を用意します。

「列車」は、牽引する「客車」と交換用に2種類の「機関車」を準備します。

「機関車」は「機関車交換」らしさのため、「ディーゼル機関車」と「電気機関車」の2種を選びました。

反対側の駅には、「機回し」と同様の動きを行なう「機関車交換駅」を用意していますが、こちらは次回の「機関車交換」で解説します。

■「機回し」の順序

「機回し」とは、鉄道の終着駅などで折り返し運転を行なう際に、客車を牽引する「機関車」の位置を、逆方向に付け替える作業です。

＊

機回しは、以下の順序で行なわれます。

[1]「列車」が駅に停車。
[2]「機関車」を「客車」から切り離す。
[3]「機関車」を「機関車待避線」へ進行。
[4]「機回し線」にポイントを切り替え。
[5]「機関車」を「折返し機回し線」へ進行。
[6]「機関車」を「本線」で停車。
[7]「本線」にポイントを切り替え。
[8]「機関車」を折り返し、「客車」と連結。
[9]「列車」が駅を出発。

図4-6-1　「機回し線」レイアウト

図4-6-2　レイアウト・ビュワー表示

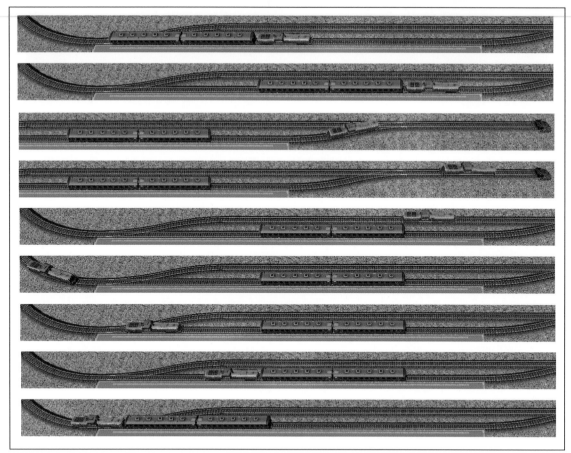

図4-6-3　「機回し」の順序

「VRM-NX」では、上記の動作を、「センサ・イベント」と「タイマ・イベント」を組み合わせて実行します。

「列車」の切り離し（解放）は「SplitTrain」関数、連結は「列車」を最高速度の25％以下で近接させることで、自動的に連結します。

■ スクリプト

●レイアウトのスクリプト

「レイアウト」のスクリプトには引数の値に応じて、列車を動作させる関数を記載します。

列車には、「関数の呼び出し」だけを記載して、同じ振る舞いをさせるようにします。

リスト4-6-1　レイアウトのスクリプト

```python
def setTrainPattern(uid, tra):
    tra_n = tra.GetNAME()
    if uid == 1:
        vrmapi.LOG(tra_n + " 反転")
        tra.Turn()
    elif uid == 2:
        vrmapi.LOG(tra_n + " 機関車切離し")
        # 1両目で編成を分割
        tra.SplitTrain(1)
    elif uid == 102:
        vrmapi.LOG(tra_n + " 連結準備徐行")
        # 距離40mmで速度20%に変更
        tra.AutoSpeedCTRL(40, 0.2)
    elif uid == 104:
        vrmapi.LOG(tra_n + " 構内徐行")
        # 距離200mmで速度40%に変更
```

```
        tra.AutoSpeedCTRL(200, 0.4)
    elif uid == 110:
        vrmapi.LOG(tra_n + " 進行")
        # 距離600mmで速度100%に変更
        tra.AutoSpeedCTRL(600, 1.0)
    else:
        # 上記以外のUIDが指定された
        vrmapi.LOG(str(uid) +": 設定無し")
```

●列車のスクリプト

「列車」のスクリプトには、（a）「タイマ・イベント」でレイアウトの「setTrainPattern」を呼び出す命令と、（b）「連結」したとき（ev='couple'）に、「反転」と「自動出発」を行なうスクリプトを記載します。

＊

「param['eventUID']」は、「VRM-NX」の最新ビルドで新しく追加されたパラメータです。

今までの「タイマ・イベント」は、オブジェクトに一つしか同時実行できませんでしたが、「eventUID」を振り分けることで、「タイマ・イベント」の並列実行が可能となります。

今回のは、「eventUID」を動作の識別IDに見立て、時間をズラして定義することで「連結解除」、「折返し」などの複合動作を実行させています。

リスト4-6-2 列車のスクリプト

```
#OBJID=367
import vrmapi
def vrmevent_367(obj,ev,param):
    if ev == 'init':
        # 初期自動発車
        obj.AutoSpeedCTRL(200,1.0)
    elif ev == 'after':
```

```
        # イベント呼び出し
        setTrainPattern(param['eventUID'], obj)
    elif ev == 'couple':
        # 反転
        obj.SetEventAfter(3.0, 1)
        # 進行
        obj.SetEventAfter(3.1, 110)
```

●「機回し」センサのスクリプト

今回使うスクリプトのポイントは、（a）センサの「GetForward」関数で「列車の向き」を、「GetNumberOfCars」関数で編成の車両数を判断しているところです。

また、「駅に来た列車」か「機回し中の機関車」かを判断し、列車に対して一連の動作を「タイマ・イベント」で命令することにあります。

これらのイベントのタイミングは、「駅の距離」や「列車の速度」によって正しく動作しない場合があるため、実際に動かして「時間」や「速度」を調節します。

リスト4-6-3 センサ①のスクリプト

```
elif ev == 'catch':
    # 列車を取得
    tra = obj.GetTrain()
    # 列車の向きを取得
    f = obj.GetForward()
    # 列車の車両数を取得
    n = tra.GetNumberOfCars()
    # 順方向
    if f == 1:
        # 本線側へポイント切替
vrmapi.LAYOUT().GetPoint(432).SetBranch(0)
        # 車両数が1両より多い（駅停車）
        if n > 1:
```

図4-6-4 「機回し」駅構内センサ位置

```
        # 距離800mmで停車
        tra.AutoSpeedCTRL(800, 0.0)
        # 7秒後に切り離し
        tra.SetEventAfter(7.0, 2)
        # 7.5秒後に構内徐行
        tra.SetEventAfter(7.5, 104)
    else:
        # 単機(機回し中)
        if n == 1:
            # 距離200mmで停車
            tra.AutoSpeedCTRL(200, 0.0)
            # 3秒後に反転
            tra.SetEventAfter(3.0, 1)
            # 3.5秒後に構内徐行
            tra.SetEventAfter(3.5, 104)
            # 8秒後に連結準備徐行
            tra.SetEventAfter(8.0, 102)
```

リスト4-6-4　センサ②のスクリプト

```
elif ev == 'catch':
    # ポイント切替
vrmapi.LAYOUT().GetPoint(437).SetBranch(1)
```

リスト4-6-5　センサ③のスクリプト

```
elif ev == 'catch':
    # 列車の向きを取得
    f = obj.GetForward()
    # 順方向
    if f == 1:
        # ポイント切替
vrmapi.LAYOUT().GetPoint(437).SetBranch(0)
    else:
        # 列車を取得
        tra = obj.GetTrain()
        # 距離130mmで停車
        tra.AutoSpeedCTRL(130, 0.0)
        # 4秒後に反転
        tra.SetEventAfter(4.0, 1)
        # 4.5秒後に進行
        tra.SetEventAfter(4.5, 110)
```

リスト4-5-6　センサ④のスクリプト

```
elif ev == 'catch':
    # ポイント切替
vrmapi.LAYOUT().GetPoint(432).SetBranch(1)
    # 方向転換のため事前減速
    tra = obj.GetTrain()
    tra.AutoSpeedCTRL(200, 0.7)
```

●好きなシーンを再現

　「機回し」や「機関車交換」は「客車牽引」が減ってしまった昨今では、ごくわずかな場所でしか見ることができなくなりました。

　そうした「昔の運用」を再現したり、現実にはなかった自分の好きな「機関車」と「客車」の組み合わせを動かして鑑賞することができるのも、「鉄道模型シミュレーターNX」ならではと言えるでしょう。

＊

　今回は、製品版の車両を利用しました。

図4-6-5　製品版の車両

4-7 「機関車交換」を用いた「折返し」自動運転

前節で、「客車」を牽引する「機関車」の位置を逆方向へ付け替える「機回し」を紹介しました。今回は「機関車交換」を用いた「折返し」自動運転を紹介します。

■「VRM-NX」で「機関車交換」

レイアウトはU字型の線路の終端に機関車用の待避線を用意した「機関車交換駅」を用意します。

「列車」は牽引する「客車」と「機関車交換」に用いる2種類の「機関車」を準備します。

「機関車」は「機関車交換らしさ」を表現するため、「ディーゼル機関車」と「電気機関車」の2種を選びます。

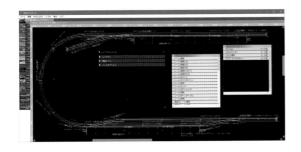

図4-7-1 機関車交換レイアウト

図4-7-2 レイアウト・ビュワー表示

■「機関車交換」の順序

「機関車交換」とは、「客車」や「貨車」を牽引する「機関車」を交代させるための作業です。

実際には、「運転区の境界」や、「電化・非電化区間を跨(また)ぐ貨物列車」などで見られます。

今回紹介するような「折り返し」も、同時に行なう「機関車交換」は「五稜郭駅」で行なわれていた「寝台列車」での、「電気機関車」と「ディーゼル機関車」のものが有名です。

実際の鉄道では、順行方向での付け替えが多いです。

「折り返し」を兼ねる「機関車交換」は、「機回し」と比べると複数の機関車が必要ですが、機回し線が不要で、作業時間も短縮できる利点があります。

*

「機関車交換」は、以下の順序で行なわれます。

[1] 「列車」が駅に停車。
[2] 「機関車」と「客車」を切り離し。
[3] 「機関車」を前方へ退避。
[4] 「ポイント」を待避線に切り替え。
[5] 待避線の「機関車」を「客車」の反対側へ連結。
[6] ポイントを本線に切り替え。
[7] 「列車」が駅を出発。
[8] 「列車」出発後にポイントを待避線へ切り替えて、残った「機関車」を待避線へ待避。

「VRM-NX」では上記の動作を「センサ・イベント」と「タイマ・イベント」を組み合わせて実行します。

「列車」の解放(切り離し)は「SplitTrain」関数を使います。「連結」は列車を「最高速度の25%以下で近接」させることで、自動的に行なわれます。

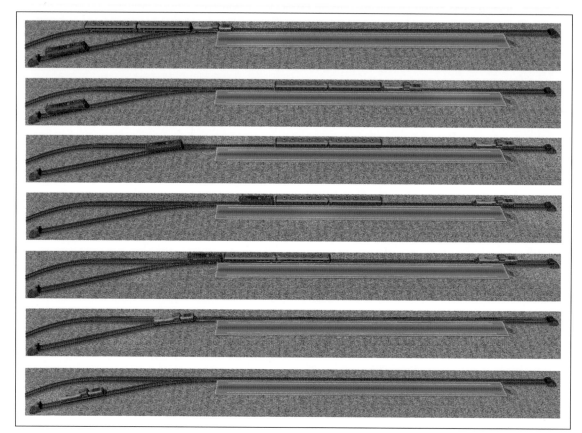

図4-7-3　機関車交換の順序

■ スクリプト

●レイアウトのスクリプト

「レイアウト」のスクリプトには、引数の値に応じて列車を動作させる「setTrainPattern」関数を記載します。

列車には「関数の呼び出し」だけを記載して、同じ振る舞いをさせるようにします。

リスト4-7-1　レイアウトのスクリプト

```python
def setTrainPattern(uid, tra):
    tra_n = tra.GetNAME()
    if uid == 1:
        vrmapi.LOG(tra_n + " 反転")
        tra.Turn()
    elif uid == 2:
        vrmapi.LOG(tra_n + " 機関車切離し")
        # 1両目で編成を分割
        tra.SplitTrain(1)
    elif uid == 102:
        vrmapi.LOG(tra_n + " 連結準備徐行")
        # 距離40mmで速度20％に変更
        tra.AutoSpeedCTRL(40, 0.2)
    elif uid == 104:
        vrmapi.LOG(tra_n + " 構内徐行")
        # 距離200mmで速度40％に変更
        tra.AutoSpeedCTRL(200, 0.4)
    elif uid == 110:
        vrmapi.LOG(tra_n + " 進行")
        # 距離600mmで速度100％に変更
        tra.AutoSpeedCTRL(600, 1.0)
    else:
        # 上記以外のUIDが指定された
        vrmapi.LOG(str(uid) +":設定無し")
```

●列車のスクリプト

「列車」のスクリプトには「タイマ・イベント」でレイアウトの「setTrainPattern」を呼び出す命令と連結したとき（coupleイベント）に、反転と自動出発を行なうスクリプトを記載します。

「param['eventUID']」は「VRM-NX」のアップデートで新しく追加されたパラメータです。今までの「タイマ・イベント」はオブジェクトにつき一つしか同時実行できませんでしたが、「eventUID」を振り分けることで「タイマ・イベント」の並列実行が可能となります。

＊

今回はこの「eventUID」を識別IDとして使い、時間をズラして定義することで、「連結解除」や「折り返し」などの「複合時間差動作」を実現します。

リスト4-7-2　列車のスクリプト

```python
def vrmevent_367(obj,ev,param):
    if ev == 'init':
        # 初期自動発車
        obj.AutoSpeedCTRL(200,1.0)
    elif ev == 'after':
        # イベント呼び出し
        setTrainPattern(param['eventUID'], obj)
    elif ev == 'couple':
        # 反転
        obj.SetEventAfter(3.0, 1)
        # 進行
        obj.SetEventAfter(3.1, 110)
```

■「機関車交換」センサのスクリプト

「機関車交換」スクリプトの要点は、（1）切り離した「機関車」を次の「列車」で呼び出して連結するため、切り離された「機関車」を「列車」出発後に待避線へ移動させることと、（2）次回呼び出しのために「センサ・②」の連想配列にオブジェクトを登録する処理が必要です。

「センサ・②」の処理内では「"wait_loco"」文字列をキーとして「機関車」オブジェクトを登録しています。

リスト4-7-3　センサ①のスクリプト

```python
elif ev == 'catch':
    # 列車を取得
    tra = obj.GetTrain()
    # 列車の向きを取得
    f = obj.GetForward()
    # 列車の車両数を取得
    n = tra.GetNumberOfCars()
    # 順方向のみ
    if f == 1:
        # ポイント切替
vrmapi.LAYOUT().GetPoint(448).SetBranch(0)
        # 車両数が1両より多い（駅停車）
        if n > 1:
            # 距離800mmで停車
            tra.AutoSpeedCTRL(800, 0.0)
            # 8秒後に切り離し
            tra.SetEventAfter(8.0, 2)
            # 8.1秒後に構内徐行
            tra.SetEventAfter(8.1, 104)
```

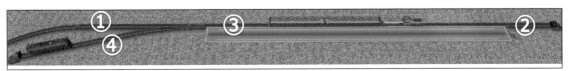

図4-7-4　「機関車交換」駅構内センサ位置

リスト4-7-4　センサ②のスクリプト

```
if ev == 'init':
    # 待機機関車の初期登録
    d = obj.GetDict()
    d["wait_loco"] = vrmapi.LAYOUT().GetTr
ain(421)
    d["wait_loco"].Turn()
elif ev == 'catch':
    d = obj.GetDict()
    tra = obj.GetTrain()
    f = obj.GetForward()
    # 順方向
    if f == 1:
        # A機関車新規登録
        vrmapi.LOG("機関車新規登録")
        d["wait_loco"] = tra
    else:
        # A機関車停止
        tra.AutoSpeedCTRL(100, 0)
        # B待機機関車呼び出し
        loco = d["wait_loco"]
        loco.Turn()
        loco.AutoSpeedCTRL(200, 0.4)
        # 3秒後にB連結準備徐行
        loco.SetEventAfter(3.0, 102)
        # 10秒後にB機関車反転
        loco.SetEventAfter(10.0, 1)
        # 10.1秒後にB機関車進行
        loco.SetEventAfter(10.1, 110)
        # 15秒後にA機関車反転
        tra.SetEventAfter(15.0, 1)
        # 15.1秒後にA機関車を待避線へ
        tra.SetEventAfter(15.1, 104)
```

リスト4-7-5　センサ③のスクリプト

```
elif ev == 'catch':
    # ポイント切り替え対象取得
    l = vrmapi.LAYOUT()
    p = l.GetPoint(448)
    # 列車を取得
    tra = obj.GetTrain()
    # 列車の向きを取得
    f = obj.GetForward()
    # 列車の車両数取得
    n = tra.GetNumberOfCars()
    # 順方向
    if f == 1:
        if n == 1:
            # 機関車単機なら待避線へ
            p.SetBranch(1)
        else:
            # 列車なら本線方向へ
            p.SetBranch(0)
    else:
        # 機関車のみ
        if n == 1:
            # 連結準備徐行
            tra.AutoSpeedCTRL(100, 0.2)
```

リスト4-7-6　センサ④のスクリプト

```
elif ev == 'catch':
    tra = obj.GetTrain()
    f = obj.GetForward()
    # 順方向
    if f == 1:
        # ポイント切替
vrmapi.LAYOUT().GetPoint(448).SetBranch(1)
    else:
        # 機関車停車
        tra.AutoSpeedCTRL(160, 0)
```

■ 昔のような客車牽引の再現も

「機回し」や「機関車交換」は、客車牽引が減ってしまった昨今では、ごくわずかな場所でしか見ることができなくなりました。

そうした昔の運用を再現したり、現実にはなかった自分の好きな機関車と客車の組み合わせを動かして鑑賞することも、「鉄道模型シミュレーター NX」の楽しみ方と言えるのではないでしょうか。

＊

今回は、製品版の車両を利用しました。

図4-7-5　製品版の車両

4-8　転車台を使った方向転換

「転車台(ターンテーブル)」を用いた「方向転換」を、「Pythonスクリプト」で自動運転する方法を紹介します。

図4-8-1　転車台

■「転車台」を使った「方向転換」

レイアウトは「機回し」用の機回し線と「転車台」のある駅を用意します。
反対側に位置する駅には「デルタ線」を内包する駅を用意します。

「列車」は、牽引する「客車」と「方向転換」に用いる「蒸気機関車」を準備します。
「列車」は、「転車台」と「デルタ線」を使って、常に「蒸気機関車」が先頭かつ前向き方向の状態で両駅間を往復します。

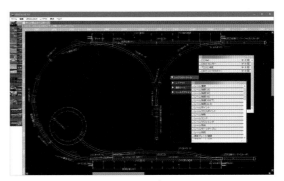

図4-8-2　ターンテーブル・レイアウト

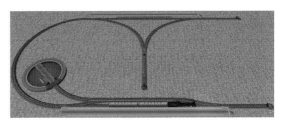

図4-8-3　「レイアウト・ビュワー」表示

■「転車台」を使った「方向転換」の順序

「転車台」とは、「蒸気機関車」のような片方向だけに運転台がある車両の向きを変える鉄道設備です。
終着駅や車両基地に設置されており、終着駅では「機回し」も同時に行なわれます。

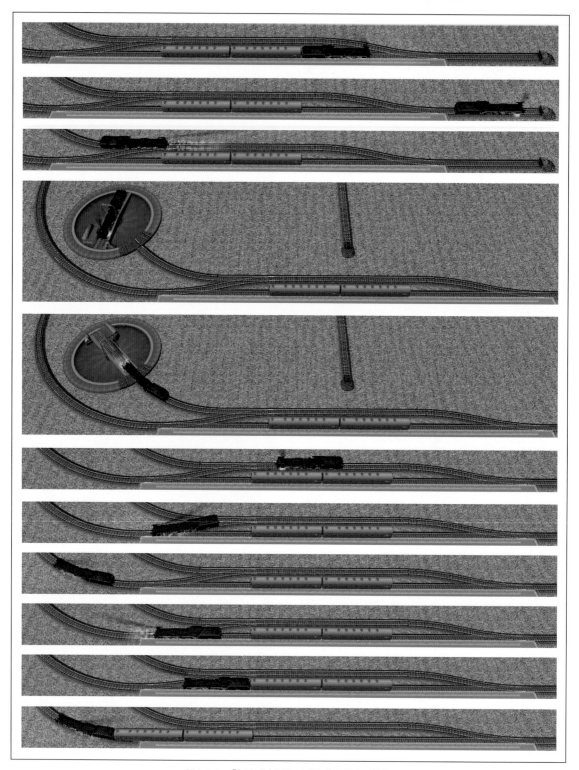

図4-8-4　「転車台」を使った「方向転換」の順序

実際にある転車台の設置場所は、駅によってさまざまなので、方向転換の順序も異なります。

＊

今回の「転車台」の「方向転換」は以下の順序で行ないます。

[1]「列車」が駅に停車。
[2]「機関車」と「客車」を切り離し。
[3]「機関車」を前方へ退避。
[4]「ポイント」を待避線に切り替え。
[5]待避線の「機関車」を後進で「転車台」に載せる。
[6]「転車台」を180度回転。
[7]「転車台」から「機関車」を機回し線中央まで後進。
[8]ポイントを切り替えて「機関車」を本線まで前進。
[9]ポイントをホーム側へ切り替えて「機関車」を後進させて「客車」を連結。
[10]汽笛を鳴らしてホームを出発。

「VRM-NX」では上記の動作を「センサ・イベント」と「タイマ・イベント」を組み合わせて実行します。

「列車」の解放（切り離し）は「SplitTrain」関数を使います。
「連結」は列車を「最高速度の25％以下で近接」させることで自動的に行なわれます。

■ スクリプト
●レイアウトのスクリプト

「レイアウト」のスクリプトには引数の値に応じて列車を動作させる「setTrainPattern」関数を記載します。

列車には「関数の呼び出し」だけを記載して「uid引数」の違いだけで異なるイベントを実行します。

リスト4-8-1　レイアウトのスクリプト

```
def setTrainPattern(uid, tra):
    tra_n = tra.GetNAME()
    if uid == 1:
        vrmapi.LOG(tra_n + " 反転")
        tra.Turn()
    elif uid == 2:
        vrmapi.LOG(tra_n + " 機関車分離")
        tra.SplitTrain(2)
    elif uid == 3:
        vrmapi.LOG(tra_n + " 警笛")
        tra.PlayHorn(0)
    elif uid == 102:
        vrmapi.LOG(tra_n + " 警戒")
        tra.AutoSpeedCTRL(40, 0.2)
    elif uid == 104:
        vrmapi.LOG(tra_n + " 抑制")
        tra.AutoSpeedCTRL(200, 0.4)
    elif uid == 110:
        vrmapi.LOG(tra_n + " 進行")
        tra.AutoSpeedCTRL(600, 1.0)
```

●列車のスクリプト

「列車」のスクリプトには、「タイマ・イベント」でレイアウトの「setTrainPattern」を呼び出す命令と連結したとき（coupleイベント）に、「反転」と「自動出発」を行なうスクリプトを記載します。

＊

今回は少し演出にこだわり、警笛を鳴らしてゆっくりとホームを出発し、その後、全力加速、という手順を再現しました。

リスト4-8-2　列車のスクリプト

```
def vrmevent_367(obj,ev,param):
    if ev == 'init':
        # 初期自動発車
        obj.AutoSpeedCTRL(200,1.0)
    elif ev == 'after':
        # 列車制御関数呼び出し
        setTrainPattern(param['eventUID'],
```

```
obj)
    elif ev == 'couple':
        # 反転
        obj.SetEventAfter(2.0, 1)
        # 警笛
        obj.SetEventAfter(2.5, 3)
        # ゆっくり出発
        obj.SetEventAfter(8.0, 102)
        # 進行
        obj.SetEventAfter(12.0, 110)
    elif ev == 'split':
        dummy = 1
```

●「転車台」のスクリプト

「転車台」スクリプトは「機関車」が「転車台」に差し掛かったことを示す「'trainin'」イベントと「転車台」が止まったときに発生する「'stop'」イベントを使います。

*

「'trainin'」イベントによって「機関車」を「転車台」の中央に停車するように減速させ、時間差で「MoveTurntablePos」関数を使い「機関車」を反転させます。

リスト4-8-3　転車台のスクリプト

```
def vrmevent_496(obj,ev,param):
    if ev == 'init':
        dummy = 1
    elif ev == 'after':
        # 180度回転
        if obj.GetTurntablePos() == 0:
            obj.MoveTurntablePos(12)
```

```
    else:
            obj.MoveTurntablePos(0)
    elif ev == 'stop':
        vrmapi.LOG("回転終了")
        tra = obj.GetTrain()
        # 徐行
        tra.AutoSpeedCTRL(200, 0.2)
    elif ev == 'trainin':
        vrmapi.LOG("転車台進入:" + str(param['route']) + "=" + str(param['trainid']))
        tra = vrmapi.LAYOUT().GetTrain(param['trainid'])
        # 停車 (距離注意)
        tra.AutoSpeedCTRL(60, 0.0)
        # 回転
        obj.SetEventAfter(4.0, 1)
```

「転車台」駅構内センサのスクリプト

「機関車」を「機回し」させるために4つのセンサを組み合わせて自動運転させます。

列車の向きを「GetForward」で、車両数を「GetNumberOfCars」関数で識別しています。

今回選択した「蒸気機関車」(C57)は「機関車」と「炭水車(テンダー)」の2両扱いになるため、切り離しの車両数に注意してください。

リスト4-8-4　センサ①のスクリプト

```
elif ev == 'after':
    # ポイント定義
    vrmapi.LAYOUT().GetPoint(432).SetBran
```

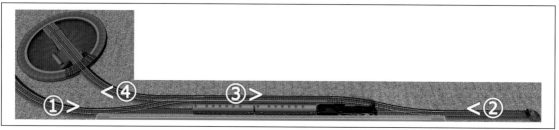

図4-8-5　「機関車交換」駅構内センサの位置

```
ch(0)
elif ev == 'catch':
    # 列車を取得
    tra = obj.GetTrain()
    # 列車の向きを取得
    f = obj.GetForward()
    # 列車の車両数を取得
    n = tra.GetNumberOfCars()
    # 順方向
    if f == 1:
        # ポイント定義
        vrmapi.LAYOUT().GetPoint(432).SetB
ranch(0)
        # 列車(駅停車)
        if n > 2:
            # ポイント定義
            vrmapi.LAYOUT().GetPoint(494).
SetBranch(0)
            # 列車停車
            tra.AutoSpeedCTRL(700, 0.0)
            # 切り離し
            tra.SetEventAfter(8.0, 2)
            # 単機抑制
            tra.SetEventAfter(8.5, 102)
    else:
        # 単機
        if n == 2:
            # 停車
            tra.AutoSpeedCTRL(80, 0.0)
            # 折返し
            tra.SetEventAfter(6.0, 1)
            # 折返し注意(連結用)
            tra.SetEventAfter(6.5, 102)
            # 6秒後ポイント切り替え
            obj.SetEventAfter(6.0)
```

リスト4-8-5　センサ②のスクリプト

```
elif ev == 'catch':
    f = obj.GetForward()
    tra = obj.GetTrain()
```

```
    # 巡行のみ
    if f == 1:
        # ポイント定義
        l = vrmapi.LAYOUT()
        l.GetPoint(494).SetBranch(1)
        l.GetPoint(437).SetBranch(0)
        # 転車台減速
        #tra.SetEventAfter(7, 102)
    else:
        # 停車
        tra.AutoSpeedCTRL(110, 0.0)
        # 反転
        tra.SetEventAfter(6.0, 1)
        # 進行
        tra.SetEventAfter(6.5, 104)
```

リスト4-8-6　センサ③のスクリプト

```
elif ev == 'after':
    # ポイント切り替え
    l = vrmapi.LAYOUT()
    l.GetPoint(432).SetBranch(1)
    l.GetPoint(437).SetBranch(1)
elif ev == 'catch':
    # 列車を取得
    tra = obj.GetTrain()
    # 列車の向きを取得
    f = obj.GetForward()
    # 順方向
    if f == 1:
        # 停車
        tra.AutoSpeedCTRL(120, 0.0)
        # 折返し
        tra.SetEventAfter(6.0, 1)
        # 単機抑制
        tra.SetEventAfter(6.5, 102)
        # 6秒後ポイント切り替え
        obj.SetEventAfter(6.0)
```

リスト4-8-7　センサ④のスクリプト

```
elif ev == 'catch':
    # 列車を取得
    tra = obj.GetTrain()
    # 列車の向きを取得
    f = obj.GetForward()
    # 順方向
    if f == 1:
        # 徐行
        tra.AutoSpeedCTRL(100, 0.2)
```

＊

　一現在、般的な列車は前後に運転席が付いているので「転車台」を使うシーンは貴重なものとなりました。

　今でも「転車台」が実際に使われているのは、「東武鉄道」や「真岡鐵道」などの観光用の蒸気機関車を運行している路線がほとんどです。

　そうした、それぞれの駅の運用を再現したり、自分の好きな蒸気機関車と客車を組み合わせて鑑賞することも、「VRM-NX」と自動運転の楽しみ方と言えるでしょう。

図4-8-6　ビュワーでリアルに再現

4-9　踏切を動かそう

　「鉄道模型シミュレーター NX」(以下、「VRM-NX」)は、「列車」や「分岐ポイント」の他に、「信号機」や「踏切」などの鉄道設備を「Python」で動かすことができます。

　今回は、列車を検出するセンサを組み合わせて、踏切を制御します。

図4-9-1　踏切を制御する

■「警報機」と「遮断機」

　VRM-NXの踏切では、「警報機」と「遮断機」を動かすことができます。

　「警報機」は踏切警標に各種警報装置が付いたもので、"カンカンカン…"という警報音を鳴らし、警報灯を交互に発光させます。

　種類によっては、列車がどちらから来るのかを知らせる「矢印」(列車進行方向指示器)が付いています。

　「遮断機」は列車が近付いてきたときに線路への通行を制限するもので、一般的な棒状のものが開閉する「腕木式」が実装されています。

図4-9-2　踏切の警報機と遮断機

■「踏切」を動かす命令

「踏切を動かすための命令」は、主に以下の2つです。

（A）「SetCrossingStatus」は、警報機の「警報装置」と「遮断機」の開閉状態を設定します。

Int型引数に「2」を入れると警報機が鳴り、遮断機が降下します。

「1」を入れると警報音が止まり、遮断機が上がります。

（B）「SetCrossingSign」は、一部の警報機に付いている矢印「列車進行方向指示器」の表示を設定します。

「1」は左向き、「2」は右向き、「3」は両方向、「0」で表示無しとなります。

＊

「SetCrossingSign」は設定しただけでは表示されず、「SetCrossingStatus」と連動して表示されます。

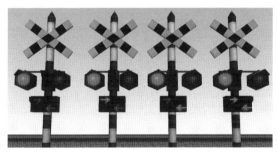

図4-9-3 「列車方向指示器」の例（左から、引数＝0,1,2,3）

リスト4-9-1 「踏切」のスクリプト例

```
def vrmevent_1(obj,ev,param):
    if ev == 'init':
        # 方向指示器 (3:両方向)
        obj.SetCrossingSign(3)
        # 踏切開閉状態 (2:動作)
        obj.SetCrossingStatus(2)
```

■「センサ」と組み合わせて使う

「踏切」は、列車の接近をセンサで検知して踏切を動かし、列車が通過したあとに動作を止めます。

VRM-NXでもセンサと組み合わせて踏切を開閉することができます。

＊

今回は踏切を閉じる用のセンサ①と、開ける用のセンサ②を用意します。

センサ①は列車の通過速度によって位置を調整します。

センサ②は踏切通過直後に設置します。

＊

「方向表示器」を使う場合、左右の向きを決めるための基準となる「基準警報機」を決めます。

「基準警報機」の対面に置かれる警報機の矢印は、プログラム上では反転するので、注意してください。

図4-9-4 踏切センサ配置例

■スクリプト

●センサ①のスクリプト

「センサ①」のスクリプトには列車を検知した際に、「SetCross」関数を呼びます。

単線区間のように線路上を双方向から列車が行き来する場合は、誤作動を避けるために、列車の向きが順方向でのみ動くようにします。

引数「1」は基準警報機から見て左から来る列車を示します。

右から来る列車のセンサには「10」を入れます。

リスト4-9-2　「センサ①」のスクリプト(抜粋)

```
elif ev == 'catch':
    dummy = 1
    # 列車の向きを取得
    f = obj.GetForward()
    # 順方向のみ
    if f == 1:■
        SetCross(470, 1)
```

●センサ②のスクリプト

　「センサ②」のスクリプトも①と同じ「SetCross」関数を呼びます。

　異なるのは、引数が「-1」である点です。

　右から来る列車のセンサには、「-10」を設定します。

　起動時(init)に「SetSNSMode(1)」を実行することで、センサの実行タイミングを「先頭車両の通過直前」から「最後尾車両の通過後」に変更します。

　これによって、編成長が違っても、必ず列車が踏切を通過してから開くようになります。

リスト4-9-3　「センサ②」のスクリプト

```
if ev == 'init':
    dummy = 1
    obj.SetSNSMode(1)
elif ev == 'catch':
    dummy = 1
    # 列車の向きを取得
    f = obj.GetForward()
    # 順方向のみ
    if f == 1:
        SetCross(470, -1)
```

●「踏切」のスクリプト

　「踏切」のスクリプトには、動作に必要な情報を「基準警報機」に記載します。

　「踏切」をグループ化して処理を分離することで、最小限の定義でレイアウト内に複数の踏切を設置することができます。

リスト4-9-4　踏切のスクリプト

```
#OBJID=470
import vrmapi
def vrmevent_470(obj,ev,param):
    if ev == 'init':
        dummy = 1
        # 主オブジェクト変数初期化
        l = vrmapi.LAYOUT()
        d = obj.GetDict()
        # 踏切が検知している編成
        d['closs_tr_cnt'] = 0
        # 1踏切の部品グループ
        d['closs_obj_id']=[470,477,471,478]
        # 部品グループの種別
        #   1:警報機(正)
        #  -1:警報機(向)
        #   2:遮断機
        d['closs_obj_type'] = [1, -1, 2, 2]
    elif ev == 'open':
        dummy = 1
    elif ev == 'close':
        dummy = 1
```

●レイアウトのスクリプト

　レイアウトのスクリプトには、センサ情報の入力と、踏切の動作を記述します。

　センサからの引数の値は、「d['closs_tr_cnt']」で管理されます。

　この値は「1桁目」に左から来た列車、「2桁目」に右から来た列車をそれぞれ定義していて、最大9編成まで管理できます。

　複々線の対応や、踏切動作中に反対から列車が来たときに方向表示器の表示を更新することができます。

＊

「SetCrossingStatusGP」関数は、「踏切グループ」のオブジェクトを「for文」を用いて処理します。

「警報機」と「遮断機」の違いや、「警報機」の「正面」か「対面」かで、方向表示器の表示を切り分けて処理しています。

リスト4-9-5　レイアウトのスクリプト

```python
# センサ情報を踏切に入力
#   obj_id 基準警報機の部品ID
#   センサ引数
def SetCross(obj_id, fd):
    l = vrmapi.LAYOUT()
    obj = l.GetCrossing(obj_id)
    d = obj.GetDict()
    # 列車管理カウントを追加
    d['closs_tr_cnt']=d['closs_tr_cnt']+fd
    # 列車管理カウントが0
    if d['closs_tr_cnt'] == 0:
        # 開ける
        SetCrossingStatusGP(obj, 0)
        vrmapi.LOG("i=" + str(d['closs_tr_
cnt']))
    else:
        # 踏切状態がON以外
        if obj.GetCrossingStatus() != 2:
            # 遮断機閉める
            SetCrossingStatusGP(obj, 9)
        # 方向表示計算
        tr_l = d['closs_tr_cnt'] // 10
        tr_r = d['closs_tr_cnt'] % 10
        vrmapi.LOG("i=" + str(d['closs_tr_
cnt']) + " L=" + str(tr_l) + " R=" + str(
tr_r))
        # 左右あり
        if (tr_l != 0) and (tr_r != 0):
            SetCrossingStatusGP(obj, 3)
        # 右のみ
        elif (tr_l == 0) and (tr_r != 0):
            SetCrossingStatusGP(obj, 2)
        # 左のみ
        elif (tr_l != 0) and (tr_r == 0):
            SetCrossingStatusGP(obj, 1)


# 踏切の状態を表現
def SetCrossingStatusGP(obj, status):
    l = vrmapi.LAYOUT()
    d = obj.GetDict()
    i = 0
    # 踏切グループを繰り返し
    for obj_id in d['closs_obj_id']:
        # 踏切オブジェクトを定義
        c = l.GetCrossing(obj_id)
        # 踏切オブジェクト種類を定義
        t = d['closs_obj_type'][i]
        # 開ける
        if status == 0:
            # 警報機
            if t == 1 or t == -1:
                c.SetCrossingStatus(0)
            # 遮断機
            elif t == 2:
                c.SetCrossingStatus(1)
        # 閉める
        elif status == 9:
            c.SetCrossingStatus(2)
        # 方向表示(左)
        elif status == 1:
            # 警報機
            if t == 1:
                c.SetCrossingSign(1)
            # 警報機(対面)
            elif t == -1:
                c.SetCrossingSign(2)
        # 方向表示(右)
        elif status == 2:
            # 警報機
            if t == 1:
                c.SetCrossingSign(2)
```

```
# 警報機(対面)
elif t == -1:
        c.SetCrossingSign(1)
# 方向表示(両方)
elif status == 3:
        c.SetCrossingSign(3)
```

図4-9-5　踏切をリアルに再現

4-10　「ImGui」を使った「自作コントローラ」

「レイアウター」と「ビュワー」のインターフェイスに「ImGui」を採用しています。

図4-10-1

■「VRM-NX」で「ImGui」を使う

「ImGui」とは、ゲーム画面内でゲーム設定などを操作するためのインターフェイスを提供する、軽量で直感的な「汎用GUIライブラリ」で、その扱いやすさからソフトウェア開発者がデバッグ用に利用することがあります。

「VRM-NX」ではこの「ImGui」の機能をPythonで扱えるようにAPIを提供しており、レイアウター画面で自由なインターフェイスを作れるようになっています。

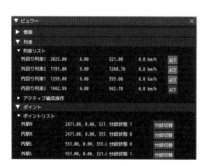

図4-10-2　「レイアウター」画面で「インターフェイス」が作れる

■「ImGuiウインドウ」を描画する

「ImGui」を描画するには「フレーム・イベント」の「メイン・ループ」内で、毎回処理する必要があります。

「フレーム・イベント」を使うため、起動時に「SetEventFrame」関数を呼び出します。

＊

まずは「空ウインドウ」を描画してみます。

ウインドウは「Begin」関数と「End」関数をセットで使います。

「Begin」関数の引数にはウインドウの「識別子」と「表示名」を入れます。

＊

以下のコードを、「レイアウト・スクリプト」に記述します。

リスト4-10-1　空ウインドウ・スクリプト

```
#LAYOUT
import vrmapi
def vrmevent(obj,ev,param):
    if ev == 'init':
        # ImGui用イベント定義
        obj.SetEventFrame()
    elif ev == 'broadcast':
        dummy = 1
    elif ev == 'timer':
        dummy = 1
```

```
    elif ev == 'time':
        dummy = 1
    elif ev == 'after':
        dummy = 1
    elif ev == 'frame':
        # ここでフレーム毎にImGuiを描画
        vrmapi.ImGui().Begin("w1","Sample
Window")
        vrmapi.ImGui().End()
    elif ev == 'keydown':
        dummy = 1
```

図4-10-3 ImGuiで「空ウインドウ」表示

「ImGuiコントロール」を描画する

こんどはウインドウ内に、「ボタン」や「チェック・ボックス」を追加してみましょう。

*

「ImGui」の利点の一つに、「描画とイベントが同じ場所に書ける」ことが挙げられます。

処理を「if文」として記述することで、ボタンのクリックが発生したことを検知できます。

処理内に変数を定義してイベント発生を検知することで、リアルタイムな挙動を返すことができます。

*

以下のコードは、公式のサンプル（https://vrmcloud.net/nx/script/script/imgui/index.html）を改修したものです。

「一般的なボタン」「チェック・ボックス」「ラジオ・ボタン」「数値入力ボックス」「スライド・バー」が利用できます。

リスト4-10-2 サンプル表示スクリプト

```
#LAYOUT
import vrmapi

# globalで初期化
btn = 0
chk = [0]
nNum = [0]
fNum = [0.0]
radio0 = [0]


def vrmevent(obj,ev,param):
    if ev == 'init':
        obj.SetEventFrame()
    elif ev == 'broadcast':
        dummy = 1
    elif ev == 'timer':
        dummy = 1
    elif ev == 'time':
        dummy = 1
    elif ev == 'after':
        dummy = 1
    elif ev == 'frame':
        global btn
        global chk
        global nNum
        global fNum
        global radio0
        # 毎回の「vrmapi.ImGui()」が面倒なので変
数gを定義
        g = vrmapi.ImGui()
        g.Begin("w1","Sample Window")
        g.Separator()
        g.Text("ボタンテスト")
        if g.Button("b1", "ボタンその1"):
            btn = btn + 1
        g.Text("ボタンその1を" + str(btn) +
"回クリックした")
        g.Separator()
```

```
            if g.CollapsingHeader("head1", "He
ader"):
                g.Text("チェックボックステスト")
                g.Checkbox("chk1", "チェックA",
chk)
                g.Text("chk =>"+str(chk[0]))

            if g.TreeNode("tree1", "Tree-A"):
                g.PushItemWidth(160.0)
                g.InputFloat("f1", "浮動小数点数
", fNum)
                g.InputInt("n1", "整数", nNum)
                g.Text("[nNum, fNum] =>"+str(f
Num + nNum))
                g.PopItemWidth()
                g.TreePop()

            if g.TreeNode("tree2", "Tree-B"):
                g.RadioButton("r0", "ラジオボタ
ンテスト0", radio0, 0)
                g.RadioButton("r1", "ラジオボタ
ンテスト1", radio0, 1)
                g.RadioButton("r2", "ラジオボタ
ンテスト2", radio0, 2)
                g.RadioButton("r3", "ラジオボタ
ンテスト3", radio0, 3)
                g.RadioButton("r4", "ラジオボタ
ンテスト4", radio0, 4)
                g.Text("radio0 =>"+str(rad
io0))
                g.TreePop()

        g.End()
    elif ev == 'keydown':
        dummy = 1
```

図4-10-4　ImGuiでサンプル表示

■「ImGui」で「自作コントローラ」を作

　サンプルでは固定文字や変数を表示させてい
ましたが、「VRM-NX」では列車の情報や、ポイン
トの切り替えを「ImGui」から操作できます。

＊

　今回は列車を複数制御できる「自作コント
ローラ」を作ってみましょう。

　実装する「自作コントローラ」を図4-10-5に示
します。

図4-10-5 自作コントローラ

コントローラは、主に4つの機能で構成されています。

①ボタンは**編成名**を表示し、クリックすると操作対象の列車になる
②クリックで**警笛**を鳴らす
③クリックで進行方向を切り替える
④スライド・バーで**列車の速度**を調整する

製品標準コントローラは、操作対象となっている編成しか「速度」や「方向転換」の操作ができませんが、この自作コントローラを使うと、俯瞰視点で複数の編成を一度に操作できます。

リスト4-10-3 自作コントローラ・スクリプト

```python
#LAYOUT
import vrmapi

def vrmevent(obj,ev,param):
    if ev == 'init':
        # ImGui描画用変数の登録
        setImGuiObjState()
        # フレームイベントの登録
        obj.SetEventFrame()
    elif ev == 'broadcast':
        dummy = 1
    elif ev == 'timer':
        dummy = 1
    elif ev == 'time':
        dummy = 1
    elif ev == 'after':
```

```python
        dummy = 1
    elif ev == 'frame':
        # 自作コントローラの描画
        drawImGui()
    elif ev == 'keydown':
        dummy = 1

# ImGui描画用変数の登録
def setImGuiObjState():
    # 編成リストを新規編成リストに格納
    trainList = vrmapi.LAYOUT().GetTrainList()
    # 新規編成リストから編成を繰り返し取得
    for tra in trainList:
        di = tra.GetDict()
        # 速度
        di['imgui_vol'] = [0.0]
        # 向き
        di['imgui_sw'] = [0]

# 自作コントローラの描画
def drawImGui():
    g = vrmapi.ImGui()
    g.Begin("con","コントローラ")
    # 新規編成リストを作成
    trainList=list()
    # 編成リストを新規編成リストに格納
    vrmapi.LAYOUT().ListTrain(trainList)
    # 編成一覧を参照
    for train in trainList:
        # 編成コントローラ
        drawImGuiTraCon(g, train)
    g.End()

# 編成コントローラ
def drawImGuiTraCon(g, tra):
    # ①編成名ボタン
    if g.Button("bt1" + str(tra.GetID()),
tra.GetNAME()):
        # 編成操作視点
        tra.SetView()
```

```
    g.SameLine()

    # ②警笛ボタン
    if g.Button('bt2' + str(tra.GetID()),
"警笛"):
        # 警笛実行
        tra.PlayHorn(0)
    g.SameLine()
    # 編成内のパラメータを取得
    di = tra.GetDict()

    # 電圧変数取得
    vlary = di['imgui_vol']
    # ③反転ボタン
    if g.Button('bt3' + str(tra.GetID()),
"反転"):
        # 方向転換実行
        tra.Turn()
        # 速度スライドバーを0で再描画
        vlary[0] = 0.0
        g.SliderFloat('vl' + str(tra.Get
ID()), '', vlary, 0, 1.0)
    g.SameLine()

    g.Text("速度")
    g.SameLine()
    # スライドバーサイズ調整
    g.PushItemWidth(100.0)
    # ④速度スライドバー
    if g.SliderFloat('vl' + str(tra.Get
ID()), '', vlary, 0, 1.0):
        # 電圧反映
        tra.SetVoltage(vlary[0])
    # サイズリセット
    g.PopItemWidth()
```

＊

　今回のスクリプトは、①初期設定を行なう「set ImGuiObjState」関数、②毎回フレームイベントから呼び出される「drawImGui」関数、③「drawImGui」から編成単位で呼び出される「drawImG

uiTraCon」関数——の3つで構成されています。

　編成の一覧は「ListTrain」で取得したものを「for文」で読み込むことで、新しい編成をレイアウトに追加しても、コードの変更なしでウインドウに追加されます。

　また、操作対象の編成オブジェクト自身にImGui用のイベント変数を定義することで、サンプルのような「global関数」を定義することなく動作するように設計されていることが特徴です。

■「ImGui」で自由にウインドウの構築を

　「Pythonスクリプト」は「無料のスターターキット」(http://www.imagic.co.jp/hobby/products/vrmnx/start/starter/)でも動きます。

　編成の他にもポイントやカメラなどほとんどのパラメータを扱うことができます。

　皆さんも「ImGui」で、いろいろなウインドウを構築してみてください。

図4-10-6　コントローラを自在に作成できる

4-11　VRM-NXの「外」と連携しよう

　従来の「鉄道模型シミュレーター」で実装されていたスクリプトは、ゲーム内のオブジェクトを操作するためのものでした。

　しかし、最新作の「鉄道模型シミュレーターNX」(以下、「VRM-NX」)では、「Pythonスクリプト」を使うことで、ゲーム内だけでなくゲームの「外」と連携することができます。

図4-11-1　スクリプトでゲーム外と連携

■ゲームの「外」とつながる

　「外との連携」には大きく2つの意味があります。

①スクリプトの連携
　PythonをVRM-NX内だけでなく、外部ファイルに実装したり、外部ライブラリを読み込むことができます。

②データの連携
　VRM-NX内の情報を外部に出力したり、入力したりすることができます。

■ 自作モジュールのメリット

　「レイアウト・ファイル」にPythonを記述すると、同じ処理を別のレイアウトで実装するときも、毎回同じものを作る必要があります。

　また、「編集ダイアログ」(レイアウト・スクリプト・エディタ)を開いている間は、他の情報を閲覧できず、パーツIDを調べたり他のスクリプトを確認することができないため、作業効率が大きく低下します。

*

　「呼び出し部分」など最低限の「Pythonスクリプト」以外を、「自作モジュール」として外部ファイルに記載することで、複数のレイアウトから関数を利用できるようになります。

　さらに、「Visual Studio Code」などの汎用エディタを使うことで、コーディングの効率が大きく向上します。

図4-11-2　「Visual Studio Code」を使う

●「自作モジュール」の読込み方法
　「自作モジュール」はレイアウト・ファイルと同じディレクトリに「pyファイル」を作り、「import」でファイル名を読み込むことで利用できます。「pyファイル」の文字コードは「UTF-8」で保存してください。

*

　以下の例は、レイアウト起動時に列車の一覧リストを出力するスクリプトです。

　リスト4-11-1はレイアウト・スクリプトのメイン処理に記述している例、「リスト2」は関数を独立させた例、「リスト3」と「リスト4」は同じ処

理を自作モジュール「vrmapiex.py」に分離して記述した例です。

いずれの記述も実行結果は「リスト5」になります。

リスト4-11-1　レイアウト・スクリプト直接記述

```python
import vrmapi

def vrmevent(obj,ev,param):
  if ev == 'init':
    # 編成リストを新規編成リストに格納
    tList = vrmapi.LAYOUT().GetTrainList()
    # 編成を繰り返し取得
    for t in tList:
      # 編成ID
      id = t.GetID()
      # 編成名
      name = t.GetNAME()
      # 出力
      vrmapi.LOG(str(id) + '-' + name)
  elif ev == 'broadcast':
    dummy = 1
```

リスト4-11-2　レイアウト・スクリプト別関数記述

```python
import vrmapi

def vrmevent(obj,ev,param):
  if ev == 'init':
    # 関数名で呼出し
    showTrainList()
  elif ev == 'broadcast':
    dummy = 1

def showTrainList():
  # 編成リストを新規編成リストに格納
  tList = vrmapi.LAYOUT().GetTrainList()
  # 新規編成リストから編成を繰り返し取得
  for t in tList:
    # 編成ID
```

```python
    id = t.GetID()
    # 編成名
    name = t.GetNAME()
    # 出力
    vrmapi.LOG(str(id) + '-' + name)
```

リスト4-11-3　レイアウト・スクリプト(呼出のみ)

```python
import vrmapi
# 自作モジュールを呼出し
import vrmapiex

def vrmevent(obj,ev,param):
  if ev == 'init':
    # モジュール名.関数名で呼出し
    vrmapiex.showTrainList()
  elif ev == 'broadcast':
    dummy = 1
```

リスト4-11-4　vrmapiex.py

```python
# vrmapiを利用するのでvrmapiをimport
import vrmapi

def showTrainList():
  # 編成リストを新規編成リストに格納
  tList = vrmapi.LAYOUT().GetTrainList()
  # 新規編成リストから編成を繰り返し取得
  for t in tList:
    # 編成ID
    id = t.GetID()
    # 編成名
    name = t.GetNAME()
    # 出力
    vrmapi.LOG(str(id) + '-' + name)
```

リスト4-11-5　実行結果(例)

```
string : 10-251系
string : 54-キハ85系
string : 64-683系
string : 25-787系
```

＊

「自作モジュール」以外にも、ファイル操作用の「shutil」モジュールや「pathlib」などの「一般モジュール」を呼び出すことができます。

ただし、「Socket」などの一部モジュールは利用に制限があり、それ以外のモジュールについても基本的には「VRM-NX」の動作保証外のため、意図しない動きに注意してください。

■ 情報をファイル出力する

次は、「VRM-NX」の情報を外部に出力してみましょう。

＊

列車の一覧を、「ログ・ウィンドウ」ではなく「TrainList.txt」ファイルに出力する、「writeTrainList」関数を作ります。

リスト4-11-6 vrmapiex.py ファイル出力関数

```python
# vrmapiを利用するのでvrmapiをimport
import vrmapi

def writeTrainList():
    # 編成リストを新規編成リストに格納
    tList = vrmapi.LAYOUT().GetTrainList()
    # 文字連結用
    stream = list()
    # 新規編成リストから編成を繰り返し取得
    for t in tList:
        # 編成ID
        id = t.GetID()
        # 編成名
        name = t.GetNAME()
        # 出力
        stream.append(str(id) + '-' + name + '\n')
    # 結合
    text = ''.join(stream)
    # ファイルパス
    path_w = 'TrainList.txt'
```

```python
    # ファイル出力
    with open(path_w, mode='w') as f:
        f.write(text)
```

ビューワーを一度実行すると、「レイアウト・ファイル」と同じフォルダに、「テキスト・ファイル」が出力されます。

図4-11-3　TrainList.txt出力結果

保存されていないレイアウトで相対パスを使った場合は、「カレント・ディレクトリ」が意図しない場所に設定されてしまいます。

そのため、「ファイル操作」をする場合は、「レイアウト・ファイル」を保存してから実行してください。

■「外」に広がる無限の可能性

「プログラム」との「データ」のやり取りを「ファイル形式」で行なう方法は、「ファイル連携」と言い、一般的なシステム間連携でも使われている手法です。

この「ファイル連携」を「タイマ・イベント」などで定期的に実行することで、「擬似的なリアルタイム連携」が可能になります。

＊

出力した情報ファイルはさらに別のプログラムで「ネットワーク通信」に変換したり、「Webサービス」と連携することができます。

＊

反対に、「コントローラやプログラムからの操

作命令」「自動運転用のダイヤ」を「VRM-NX」にファイル読み込みさせることで、「列車の運転」や「ポイントの切り替え」も可能でしょう。

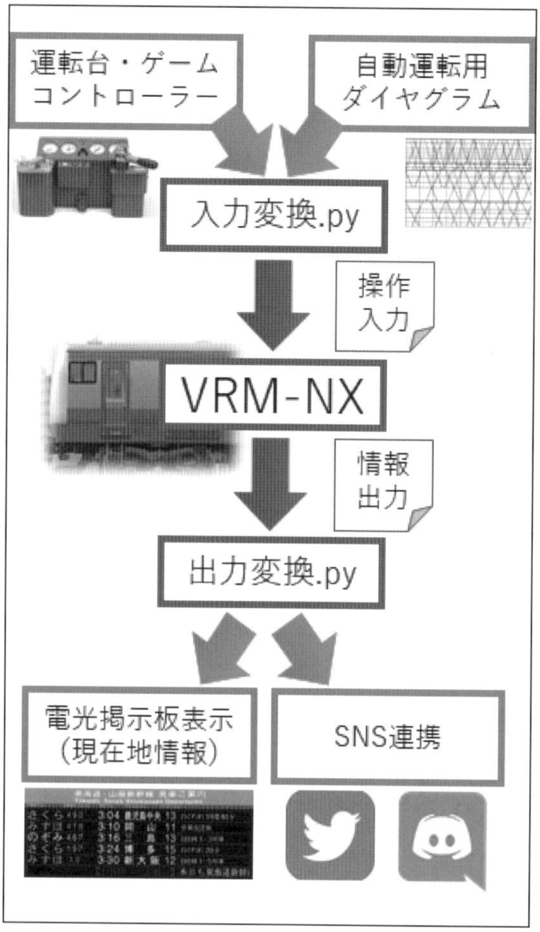

このように「外」とつながることができる「VRM-NX」は、単なる"鉄道模型のシミュレーター"にとどまらない「Pythonプラットフォーム」として、「いろいろなサービスと連携できる無限の可能性をもつ」と言えるでしょう。

図4-11-5　PythonでVRMの世界が広がる

図4-11-4　VRM-NXと「外」との連携例

索　引

索引

[著者プロフィール]

岩渕　亮（いわぶち・りょう）

> Z80 ニーモニックから生まれた、箱詰めの曖昧な猫。
> ゲーム業界の辺境領でスローライフしています。
> なぜか鉄道系ソフトウェアがライフワークになってしまった。

角　卓（すみ・まさる）

> 大阪府四條畷市出身。
> 大阪工業大学情報システム学科卒業後、システムインテグ
> レーター企業に入社。
> プログラミングの他にデータベースおよびアーキテクチャの設
> 計、インフラ構築やプロジェクト推進など、システム開発の
> 幅広い領域で活躍中。

■協力

（株）アイマジック
http://www.imagic.co.jp/

質問に関して

本書の内容に関するご質問は、

① 返信用の切手を同封した手紙
② 往復はがき
③ FAX（03）5269-6031
　（ご自宅の FAX 番号を明記してください）
④ E-mail　editors@kohgakusha.co.jp

のいずれかで、工学社編集部宛にお願いします。電話によるお問い合わせはご遠慮ください。

サポートページは下記にあります。
[工学社サイト] http://www.kohgakusha.co.jp/

I/O BOOKS

鉄道模型シミュレーター NX 入門

2021 年 3 月 25 日　初版発行　ⓒ 2021

編　集	I/O 編集部
発行人	星　正明
発行所	株式会社工学社
	〒 160-0004 東京都新宿区四谷 4-28-20　2F
電話	（03）5269-2041（代）［営業］
	（03）5269-6041（代）［編集］
振替口座	00150-6-22510

※定価はカバーに表示してあります。

［印刷］シナノ印刷（株）

ISBN978-4-7775-2141-8